Luetaan Suomesta suomeksi!
YOSHIDA Kingo

フィンランド語の
世界を読む

吉田欣吾 [著]

白水社

地図：閏月社（46ページ）
イラスト：多田昭彦（92ページ）
装丁・本文レイアウト：志岐デザイン事務所

SDGsが「流行」していますが、持続可能性という考え方の重要な柱の一つが「生物多様性」や、その裏返しである「文化多様性」の擁護のはずです。それでは、SDGsを宣伝文句のように利用する大学で英語以外の言語教育を削減・廃止しようとするのはなぜなのでしょうか。

　ロシアによるウクライナ侵攻もあり、ロシアと長い国境を接するフィンランドについてニュースなどで取り上げられる機会も増えました。その中で北欧やフィンランドの専門家、あるいはコメンテーターといった人々が驚くような発言をするのはなぜなのでしょうか。

　本当の意味での持続可能性を獲得するためにも、そして自称「専門家」や「コメンテーター」たちのいい加減な発言を許さないためにも、我々自身が情報の真偽を見分けるよう努力するしかありません。そのためには、とくにフィンランド語のような「役に立たない」言語を理解する仲間を増やすことが重要です。そのことも本書を執筆した動機の一つです。

　本書はフィンランド語のテキストに最低限の語句や文法の解説を付し、訳例もフィンランド語の語順に沿う形で示した「不親切」な書籍です。それは、少しでも多くフィンランド語のテキストを掲載したかったからです。

1.すでにフィンランド語を学習している方は、テキストがなぜ訳例のように理解できるのか、必要に応じて文法書や辞書なども総動員して「格闘」しながら探ってください。興味のあるテキストから読んでいってください。
2.フィンランド語を勉強していない方は日本語の部分だけを読み、フィンランドに関する知識を深めてください。ただし、本書に出会ったからには、何か英語以外の言語の学習を始めることが条件です。

　このような機会を与えてくださった白水社に感謝します。本当の意味での持続可能性を構築するには、白水社のような出版社の存在が不可欠です。

2023年3月

吉田欣吾

フィンランド語の世界を読む｜**目次**

略記号や訳例について

1. [ ]で表記するもの

①次の品詞
　[副] ＝副詞
　[関代] ＝関係代名詞
②動詞の法
　[条] ＝条件法
　[可] ＝可能法
　[命] ＝命令法

③名詞の格
　[複] ＝複数
　[主] ＝主格
　[主対] ＝主格・対格
　[属] ＝属格
　[2属] ＝第2属格
　[属対] ＝属格・対格
　[対] ＝対格
　[分] ＝分格
　[内] ＝内格
　[出] ＝出格

　[入] ＝入格
　[接] ＝接格
　[奪] ＝奪格
　[向] ＝向格
　[様] ＝様格
　[変] ＝変格
　[具] ＝具格
　[共] ＝共格
　[欠] ＝欠格

＊「単数」「単数主格」は
　原則として表記しない。

2. [ ]を使用しないもの

①人称
　単＝単数
　複＝複数
　1＝1人称
　2＝2人称
　3＝3人称
②比較変化
　比＝比較級
　最＝最上級

③所有接尾辞
　所接＝所有接尾辞
④動詞
　否＝否定
　能＝能動
　受＝受動
　現＝現在
　過＝過去
　完＝完了／現在完了

　過完＝過去完了
　現分＝現在分詞
　過分＝過去分詞
　動分＝動作主分詞（行為者分詞）
　否分＝否定分詞
　A不＝A不定詞（第1不定詞）
　MA不＝MA不定詞（第3不定詞）
　e不＝e不定詞（第2不定詞）
　動名＝動名詞

3. その他

〔分構〕＝分詞構文
〔時構〕＝時相構文
＝：同意語
⇔：反意語
⇒：関連語
A＜B：AはBから変化・派生
A/B：AとBは交替可能な形
……：引用における省略部分

4. 複合語

　複合語は説明の中では「-」で構成要素に分けて表記。例：pää-kaupunki

5. 訳例

　フィンランド語の語順通りの日本語を提示してある。小さな意味のまとまりは「｜」の記号で分け、さらに大きな意味のまとまりを示した方がよい場合には [ ] で示す。

Suomi

第1部

歩く

フィンランドの空の玄関口Helsinki-Vantaa空港。98ページ以降で扱うように、スウェーデン語も国語なので、まず空港に到着してフィンランド語とスウェーデン語の標識を見ると「ああ、フィンランドに来たなあ」という気分になる。

● ［ネット上の新聞Iltalehti］ Iltalehti 21.8.2020
https://www.iltalehti.fi/kotimaa/a/c7f301f7-bd2d-4746-954a-edb3667f6198

左の写真を見ると上からフィンランド語・スウェーデン語・英語で「出発便」と書かれている。これがHelsinki-Vantaa空港では見慣れた光景だったが、2018年頃から右のように変化し始めたとのこと。大きな文字で英語が一番上に、そしてフィンランド語とスウェーデン語は「二流」の地位に転落。

読んでみよう

1. Helsinki空港の標識変更に関する新聞記事

Vuonna 2018 Finavia muutti käytäntöään niin, että englanninkielinen sana oli selvästi isommalla ja suomen- ja ruotsinkielinen sana alempana, huomattavasti pienemmällä kirjasinkoolla. 【1/231】

単語・表現

Finavia「フィナビア社（Helsinki空港をはじめ国内19の空港を管理する会社）」／ **käytäntöään**「自らの慣行を」[分]＋単3所接＜käytäntö ／ **isommalla**「より大きな」比[接]＜iso ／ **alempana**「より下で／に」⇒ alempaa, alemmas/alemmaksi ⇔ ylempänä, ylempää, ylemmäs/ylemmäksi ／ **huomattavasti**「著しく」／ **pienemmällä**「より小さな」比[接]＜pieni ／ **kirjasin**（= fontti）「フォント」／ **koolla**「サイズで」[接]＜koko

訳例

2018年に Finavia 社は変更した｜自らの慣行を｜［そのため（Helsinki 空港の標識において）英語の単語が明らかにより大きな（文字サイズで）｜そして、フィンランド語とスウェーデン語の単語はその下に｜著しく小さな文字サイズでおかれることになった］。

読んでみよう

2. 言語権の観点から激しい抗議が。

- On kielellisten oikeuksien kannalta kestämätöntä, jos englannin kielelle annetaan tällainen asema viranomaisen aktiivisin toimin halveksimalla kansalliskieliä, Suomalaisuuden Liitto jyrähtää.

Kielilaki ei selkeästi säädä kielten järjestystä lentoaseman kilvissä ja Suomalaisuuden liitto peräänkuuluttaakin nyt sitä, olisiko oikeusasiamiehen annettava asiassa linjaus ja esitettävä mahdollisia lainsäädännöllisiä toimenpiteitä selkiyttämään asiaa.　　　　　　　　　　【2/231】

単語・表現

kielellisten oikeuksien「言語的権利の」［複属］＜ kielellinen oikeus（ここでの「言語的権利」とは国語であるフィンランド語とスウェーデン語に対する権利のこと。98-100ページを参照）／ **kannalta**「観点から」［奪］＜ kanta ／ **kestämätön**「耐えられないような」否分＜ kestää ／ **viran-omainen**「公的組織」／ **aktiivisin toimin**「積極的な行動により」［複具］＜ aktiivinen toimi ／ **halveksimalla**「貶めることにより」MA不［接］＜ halveksia ／ **kansallis-kieli**「国語」／ **Suomalaisuuden Liitto** は英語名 the Association of Finnish Culture and Identity で、とくにフィンランド語にもとづく文化を擁護する組織／ **jyrähtää**「叫ぶ」／ **kieli-laki**「言語法」（国語であるフィンランド語とスウェーデン語の使用権などについて定めた法律。100ページを参照）／ **ei säädä**「定めない」＜ säätää ／ **järjestys**「順番」＜ järjestää ／ **kilpi**（= kyltti）「標識」／ **perään-kuuluttaa**「（公に）求める」／ **olisiko oikeus-asia-miehen annettava... ja esitettävä...**「オンブズマンは与え、提案すべきだろうか」（on + 受動現在分詞「〜しなければならない」、olisi「だろう」［条］単3＜ olla、annettava 受現分＜ antaa, esitettävä 受現分＜ esittää。なお、この表現と結びつく主語に相当する語は属格 oikeus-asia-miehen ＜ oikeus-asia-mies「オンブズマン」）／ **linjaus**「方針、路線」＜ linjata ＜ linja ／ **lain-säädännöllinen**「法令上の」＜ lain-säädäntö ／ **toimen-piteitä**「措置を」［複分］＜ toimen-pide ／ **selkiyttämään**「明確にするために」MA不［入］＜ selkiyttää = selkeyttää ＜ selkeä

　言語と権利の関係という問題を日常的なものととらえる人はフィンランドでは少なくないだろうが、それは世界的に見ればむしろふつうのことなのかもしれない。

　「言語権の観点から耐えられるものではない、｜［もし英語に対してこのような地位が与えられるのであれば｜公的な組織の積極的な行為により｜国語を貶めるようにして］」｜とSuomalaisuuden Liittoは声を大きくしている。

　言語法は明確には規定していない｜［言語の順番を｜空港の標識における］｜そしてSuomalaisuuden Liittoは今、公に要求している｜［オンブズマンがこの件に関して方針を出すべきではないかと｜そして、提案すべきではないかと｜可能な立法措置を｜この問題を明確にするために］。

　さて、日本とフィンランドの時差（aika-ero）は7時間。ただし、2023年の段階で、フィンランドは夏時間（kesäaika）を採用しているため、3月最後の日曜日から10月最後の土曜日までは、両国の時差は6時間になっている。フィンランドでは3月に時計を1時間だけ進め、10月には1時間だけ戻すことになる。

3. 東京を訪れるフィンランド人に対する時差の解説

Tokiossa kello on tällä hetkellä kuusi tuntia enemmän kuin Suomessa. Matkustettuaan Suomesta Tokioon matkaaja on vielä paikalliseen nukkumaanmenoaikaan virkeä koska sisäinen kello käy vasta iltapäivässä. Tästä seuraa unettomuutta ja aamulla olo on väsynyt. Sopeutuminen kuuden tunnin aikaeroon itään päin matkustettaessa vie nopeilta sopeutujilta keskimäärin 3 vuorokautta ja hitailta sopeutujilta 5–6.　　【3/231】

tällä hetkellä「現時点で」／**matkustettuaan**「旅行した後で」受過分［分］＋単3所接〔時構〕＜matkustaa／**paikallinen**「現地の」／**nukkumaan-meno-aika**「就寝時間」／**virkeä**「元気な」／**unottomuutta**「不眠」［分］＜unettomuus＜uneton＜uni／**olo**「気分、体調」／**sopeutuminen**「適応すること」動名＜sopeutua／**matkustettaessa**「旅行するときに」受e不［内］〔時構〕＜matkustaa／**sopeutuja**「適応する人」＜sopeutua／**keski-määrin**「平均して」＜keski-määrä

　東京では時刻は現時点で6時間進んでいる｜フィンランドより。｜フィンランドから東京に旅行すると｜旅行者はまだ現地の就寝時間には元気である｜なぜなら、体内時計はまだ午後を進んでいるから。これにより不眠が起こり｜朝には疲れている。［6時間の時差に適応することは｜東へ

向かって旅行するときに]｜かかる｜適応が早い人では平均して3日、適応の遅い人では5〜6日。

読んでみよう

4. フィンランドには夏時間（サマータイム）がある

Suomessa on noudatettu kesä- ja normaaliaikaa pysyvästi vuodesta 1981 lähtien. Muut Pohjoismaat ottivat kesäajan käyttöön jo vuotta aikaisemmin. Suomi siirtyi Euroopan maista viimeisenä pysyvään kesäaikajärjestelyyn.　　　　【4/231】

単語・表現

on noudatettu「したがっている」受完＜noudattaa／**pysyvästi**「恒久的に」／**lähtien**「〜以来」／**ottaa käyttöön**「利用するようになる、採用する」／**viimeisenä**「最後に」［様］＜viimeinen／**pysyvään**「恒久的な」現分［入］＜pysyä／**kesä-aika-järjestely**「夏時間制度」

訳例

　フィンランドはしたがっている｜［夏時間と標準時間に｜恒久的に｜1981年以来］。他の北欧諸国は夏時間を導入した｜すでに1年早く。フィンランドは移行した｜ヨーロッパの国々の中で最後に｜恒久的な夏時間（を採用する）体制に。

読んでみよう

5. EU全体で時刻変更の廃止へ向けての議論が

Euroopan komissio ehdotti vuonna 2018, että kaksi kertaa vuodessa tapahtuvasta kellonajan siirrosta luovuttaisiin kaikkialla Euroopan unionissa yhtenäisesti. Jäsenvaltiot saisivat päättää kansallisesti itse siitä, minkä ajan ne ottaisivat pysyvästi käyttöön. Suomi on jäsenvaltioista aktiivisimmin ajanut kellonajan siirrosta luopumista.　　　　【5/231】

単語・表現

Euroopan komissio「欧州委員会」／**tapahtuvasta**「起こるような、行われるような」能現分［出］＜tapahtua／**siirto**「移動」＜siirtää／**luovuttaisiin**「捨てる、廃止する」［条］受現＜luopua（＋［出］）／**kaikkialla**「すべての場所で」⇒ kaikkialta, kaikkialle／**yhtenäisesti**「一律に、共通して」＜yhtenäinen／**kansallisesti**「全国的に、国家レベルで」＜kansallinen／**aktiivisimmin**「もっとも積極的に」［副］最上＜aktiivinen／**luopumista**「廃止することを」動名［分］＜luopua

欧州委員会は提案した｜2018年に、｜［1年に2回行われる時刻変更を廃止することを｜すべての場所で｜欧州連合内で一律に］。加盟国自身が決定できることになる｜国家レベルで｜どの時間を恒久的に採用するのかを。フィンランドは加盟国の中でもっとも積極的に追求している｜時刻変更をやめることを。

6. 夏時間と冬時間（通常時間）のどちらを恒久化するか

Suomen Ladun Taloustutkimuksella teettämän kyselytutkimuksen mukaan 81 prosentille suomalaisista pysyvän kesäajan valoisammat iltapäivät ja illat on joko mieluisin tai sopiva vaihtoehto.

Kyselyn tulos poikkeaa muun muassa ministeriön Otakantaa-palvelussa järjestetystä kyselystä, jossa 52 prosenttia kannatti talviaikaan ja 48 prosenttia kesäaikaan siirtymistä. 【6/231】

Suomen Latu「フィンランド野外活動協会」／ **Talous-tutkimus**「経済調査社（市場調査会社の名称）」／ **teettämän**「行なわせた」動分［属］＜teettää＜tehdä／ **kysely**「質問、アンケート」＜kysellä＜kysyä／ **valoisammat**「より明るい」比［複主］＜valoisa／ **joko ~ tai...**「〜か…か」／ **mieluisin**「もっとも心地よい」［最］＜mieluisa（= mieluinen）／ **vaihto-ehto**「選択肢」／ **poiketa**「異なる」／ **muun muassa**「なかでも」／ **ministeriö**「省」（ここでは liikenne- ja viestintä-ministeriö「運輸通信省」のこと）／ **Ota-kantaa-palvelu**「意見表明サービス」（ottaa kantaa「意見を表明する」）／ **järjestetystä**「実施された」受過分［出］＜järjestää／ **kannattaa**「支持する」＜kantaa／ **siirtymistä**「移ることを」動名［分］＜siirtyä

Suomen Latu が Taloustutkimus 社に委託した質問調査によると｜フィンランド人のうち81％にとって｜ずっと続く夏時間のより明るい午後や夕方がもっとも好ましいか、あるいは適切な選択肢だ。

このアンケート調査の結果は異なっている｜なかでも（運輸通信）省の「意見を表明してサービス」で実施された調査とは、｜その調査では［52％が支持していた｜冬時間への（移行を）］｜｜［そして48％が夏時間への移行を］。

時刻変更に関する提案はコロナの問題もあり先送り。少なくとも2023年の時点ではフィンランドにはまだ夏時間と時刻変更が存在している。

02　性にとらわれないトイレ
誰だってやることは同じだから　

空港に到着すれば、まずはトイレ。Translasten ja –nuorten perheet ry「トランスジェンダーの子どもと若者の家族協会」のホームページでは、transsukupuolinen ihminen「トランスジェンダーの人間」にとってトイレが大きな問題となることが書かれている。

読んでみよう

1. トランスジェンダーの人々のトイレに関する悩みはどう解決できるか
Ratkaisu tähän on yksinkertainen merkki ovessa, joka kertoo, että tämä vessa kuuluu jokaiselle. Sukupuolineutraali vessa ei ole keneltäkään pois, samassa vessassa voivat käydä kaikki. Teemme siellä samaa asiaa ja hoidamme asian yhtä fiksusti tai epäsiististi, mutta se ei ole kiinni siitä, mitä meillä jalkojen välissä on. Sukupuolineutraali vessa antaa mahdollisuuden hoitaa asian neutraalisti, nopeasti ja ilman ongelmia. Sukupuolineutraali vessa on helpotus kaikille.　【7/231】

単語・表現

ratkaisu「解決策」＜ ratkaista ／ **tähän**「これに対する」[入] ＜ tämä ／ **yksin-kertainen**「単純な」／ **kuulua**「帰属する、〜のものである」／ **suku-puoli-neutraali**「性に関して中立な、ジェンダーニュートラルな」／ **ei ole keneltäkään pois**「誰からもなくならない、誰も排除されない」(keneltäkään [奪] ＜ kukaan) ／ **yhtä**「同じくらい」[分] ＜ yksi ／ **fiksusti**「すばらしく、上手に」＜ fiksu ／ **epä-siististi**「不潔に」＜ epä-siisti ／ **kiinni**「〜にかかっている」(＋[出]) ／ **siitä, mitä meillä jalkojen välissä on**「我々の足の間に何があるのかに」(jalkojen [複属] ＜ jalka) ／ **helpotus**「安心」＜ helpottaa ＜ helppo

訳例

これ(トランスジェンダーの人々がトイレ使用に悩みを抱えていること)に対する解決策となるのは｜シンプルなドアのマークだ、｜そのマークは語る｜「このトイレはすべての人のためのものだ」と。性に関して中立なトイレは誰も排除しない、｜同じトイレにすべての人が行くことができる。我々はそこで同じことをし用を足す｜同じようにすばらしく、あるいは不潔に、｜しかし、それは関係ない｜我々の足の間に何があるのかとは。性に関して中立なトイレは可能性を与えてくれる｜[用を足すための｜中立的に、すばやく、そして面倒なく]。性に関して中立なトイレはすべての人間にとって安心を与えるものである。

そしてここに挙げるのが、2017年にPekka Piippo さんによりデザインされた性に関して中立なトイレや更衣室のためのマークである。

- ［Kulttuuria kaikille のホームページからダウンロードできる。<https://www.kulttuuria-kaikille.fi/>にアクセスして、Saavutettavuus の中の Symboleja viestintään から Kulttuuri kaikille – palvelun symbolipankki へ］

読んでみよう

2. 性に関して中立であることを表すマークは何を意味しているのか

Tässä symbolissa oli Setan työryhmän mukaan huomioitu sekä kahden sukupuolen käsitys, näiden välissä oleva liukuvampi määritelmä, suku-puoltaan korjaavien kokema prosessi, että itsensä sukupuolettomiksi kokevat ihmiset. 　　　　　　　　　　　　　　　　　　　【8/231】

単語・表現

Seta（Seksuaalinen tasavertaisuus ry.）「性的平等協会」（ry.＝rekisteröity yhdistys「登録社団（NPO法人）」）／**oli huomioitu**「考慮されていた」受過完＜huomioida ／**sekä ~ että ...**「〜と ...の両方」／**oleva**「あるような」能現分＜olla ／**liukuvampi**「より流動的な」能現分［比］＜liukua ／**määritelmä**「定義」＜määritellä ／**korjaavien**「修正する人々の」能現分［属複］＜korjata ／**kokema**「経験するような」動分＜kokea ／**prosessi**「過程」／**itsensä**「自分自身を」［属対］＋複3所接＜itse ／**suku-puolettomiksi**「無性だと、ジェンダーレスだと」［複変］＜suku-puoleton ／**kokevat**「経験するような」能現分［複主］＜kokea

訳例

このシンボルの中では｜Seta の作業グループによれば｜考慮されていた｜［2つの性別の概念が、｜それら（両性）の間にあるより流動的な定義が、｜性別を変更する人々の経験する過程が｜そして自らをジェンダーレスだと感じる人々のことが］。

補足

多くの公共施設や大学などには4種類のトイレがある。
- naisten vessa「女性用トイレ」　・miesten vessa「男性用トイレ」
- sukupuolineutraali vessa「性に関して中立なトイレ」
- esteetön vessa「バリアフリー・トイレ」

　2021年の地方自治体議会選挙にあわせて行われた調査では、性に関して中立なトイレを支持する割合が圧倒的に高かった政党は「緑同盟」と「左翼同盟」（それぞれ賛成が候補者のうち85%と81%）、比較的支持が高い政党は「スウェーデン語系国民党」「社会民主党」（賛成が68%と61%）、また「国民連合党」と「中央党」でも賛成が反対を上回っている（賛成が49%と44%）。逆に反対の割合が高いのが「真のフィンランド人党」と「キリスト教民主党」（反対がそれぞれ70%と68%）となっている。

　それでは「性」に関するいくつかの用語を確認していくことにする。

読んでみよう

3.「性自認／性表現」と「性的指向」の区別は

a. Sukupuolivähemmistöihin kuuluvilla tarkoitetaan transihmisiä ja inter-sukupuolisia henkilöitä.

b. Seksuaalivähemmistöihin kuuluvat ihmiset, joiden seksuaalinen suun-tautuminen on jotain muuta kuin heterous, kuten homot, lesbot ja biseksuaalit. 【9/231】

単語・表現

vähemmistöihin「少数派へ」[複入]＜vähemmistö／**kuuluvilla**「属するような人々（という表現）により」能分[複接]＜kuulua／**trans-**「トランスジェンダーの」／**inter-suku-puolinen**「インターセックスの」／**joiden**[複属]＜joka[関代]／**suuntautuminen**「指向」動名＜suuntautua＜suunnata＜suunta／**jotain**「何か」[複分]＜jokin／**heterous**「異性愛」[⇒118ページのテキスト3も参照]

訳例

a.「sukupuolivähemmistöに属する人」（という表現）により意味する｜トランスジェンダーの人やインターセックスの人物を。

b. seksuaalivähemmistöには属する｜（次のような）人々が、｜その人々の性的指向は異性愛以外の何ものかである｜たとえばホモセクシャル、レズビアン、そしてバイセクシャルなどのような。

　sukupuolivähemmistöは自分自身の性をどのようにとらえるのかという「性自認（sukupuoli-identiteetti）」、あるいは自分の性をどのように表現するのかという「性表現（sukupuolen ilmaisu）」にもとづく定義であり、一方のseksuaalivähemmistöは誰を愛するのかという「性的指向（seksuaalinen suuntautuminen）」にもとづく定義である。両者は明確に区別すべきとのことだが、日本語にはこのような区別をする用語はあるのか。

4. 同性カップルの登録制度、しかし同性婚までの道のりは長かった

Parisuhteen virallistaminen samaa sukupuolta oleville pareille on ollut mahdollista Suomessa vuoden 2002 maaliskuusta lähtien. Siitä lähtien kaksi naista tai kaksi miestä ovat voineet solmia keskenään rekisteröidyn parisuhteen.

Samanarvoista avioliitto-oikeutta saman sukupuolten parit joutuivat kuitenkin odottamaan vielä viisitoista vuotta, kunnes maaliskuussa vuonna 2017 avioliiton solmiminen samaa sukupuolta oleville tuli vihdoin mahdolliseksi. 【10/231】

単語・表現

pari-suhde「パートナー関係」／**virallistaminen**「公式化すること」動名 <virallistaa < virallinen ／**samaa suku-puolta oleville pareille**「同性であるカップルにとって」(oleville 能現分 [複向] < olla)／**lähtien**「〜以来」／**siitä lähtien**「それ以来」／**keskenään**「たがいに、たがいの間で」(keskenä＋複3所接)／**rekisteröidyn**「登録された」受過分 [属対] < rekisteröidä「登録する」／**saman-arvoinen**「同等の」／**joutua**＋MA不 [入]「〜せざるをえない」／**tuli mahdolliseksi**「可能になった」(mahdolliseksi [変] < mahdollinen)

訳例

　パートナー関係を公式なものにすることは｜同じ性であるカップルにとって｜可能である｜フィンランドでは2002年3月から。それ以来、二人の女性、あるいは二人の男性は結ぶことができてきた｜たがいの間で｜登録されたパートナー関係を。

　同等な婚姻の権利を｜同性カップルは、しかしながら待つことになった｜さらに15年間、｜2017年3月に婚姻関係を結ぶことが｜同性の人々にとって｜最終的に可能になるまで。

　「同性婚」という言葉が一般的に使われるが、sukupuolineutraali avioliitto「性に関して中立な婚姻」という表現の方が「異性婚」と「同性婚」という区別を乗り越えているようで、より適切にも感じられる。その性に関して中立な婚姻制度へ向けての法改正を生み出すきっかけになったのが国民発議 (kansalaisaloite) の制度である。国民発議のためには法務省によるインターネット上のサイト (kansalaisaloite.fi/fi) で署名を集めることができるが、6ヶ月以内に少なくとも5万の賛同書名が集まれば議会で取り上げることになる。

5.「国民発議（kansalaisaloite）」の力とは

Kansalaisaloite tasa-arvoisen avioliittolain puolesta pääsee eduskunnan käsittelyyn. Tiistaina avattu kampanja oli kerännyt yhdessä päivässä iltakymmeneen mennessä jo yli 101 500 allekirjoitusta.

　　Tasa-arvoisella avioliittolailla halutaan taata jokaiselle oikeus mennä avioliittoon riippumatta puolison sukupuolesta. 　　　　　　　　　【11/231】

単語・表現

aloite「発議」＜ aloittaa ／ **tasa-arvoinen**「平等な」／ **avio-liitto-laki**「婚姻法」／ **puolesta**「〜の側に立つ」［出］＜ puoli ／ **käsittely**「扱うこと」＜ käsitellä ＜ käsittää ＜ käsi ／ **avattu**「開かれた、開始された」受身分＜ avata ／ **kampanja**「キャンペーン」／ **mennessä**「〜までに」e不［内］＜ mennä ／ **alle-kirjoitus**「署名」＜ alle-kirjoittaa ／ **taata**「保証する」／ **riippumatta**「〜に関係なく」［＋［出］］

訳例

　［国民発議が｜平等な婚姻法の側に立つ］｜国会で扱われることになる。火曜日に開始されたキャンペーンは集めていた｜［1日で｜午後10時までに｜すでに101 500人以上の署名を］。

　平等な婚姻法により望まれる｜［保障することが｜すべての人に｜権利を｜結婚するための｜配偶者の性別に関係なく］。

6.「女と男」から「二人の人物」へ―「婚姻法」の条文の変化

Kaksi henkilöä, jotka ovat sopineet menevänsä avioliittoon keskenään, ovat kihlautuneet. 　　　　　　　　　　　　　　　　　　　　　　　【12/231】

単語・表現

　これは2015年に改正された「婚姻法」第1条の条文、主語の kaksi henkilöä は改正前は nainen ja mies「女と男」となっていた／ sopia menevänsä「行くと約束する」（分構）（menevänsä 能現分［属］＋複3所接）／ kihlautua「婚約する」

訳例

　［二人の人物は｜彼らはたがいと結婚する約束をしている］｜婚約しているということだ。

03 移動しやすい街Helsinki

Suomi

Helsinki空港から中心街へは電車で簡単に行くことができるし、Helsinki自体もとても動きやすい街である。

[Helsinkiではよく見かけるHSLのロゴ。HRTはスウェーデン語Helsingforsregionens trafikの頭文字]
https://public-transport-hslhrt.opendata.arc-gis.com/

読んでみよう

1. Helsinkiの交通を仕切るのがHSL（Helsingin seudun liikenne）

Helsingissä on hyvin toimiva joukkoliikenne (HSL), joka kattaa bussi-, raitiovaunu-, metro-, lähijuna- ja lauttaliikenteen palvelut. Helsingissä sekä ratikat, bussit, metro, lähijunat että Suomenlinnan lautta ovat kaikki käytössäsi samalla lipulla. Voit myös vaihtaa lipun voimassaoloaikana liikennevälineestä toiseen. Kertalipun voi ostaa HSL-sovelluksella, HSL:n lippuautomaatista, R-kioskista ja muista HSL:n myyntipisteistä. 【13/231】

単語・表現

toimiva「機能的な」能現分＜toimia／**HSL＝Helsingin seudun liikenne**「Helsinki地域交通（9つの自治体が設立したHelsinki地方の公共交通を管轄する連合体）」／**kattaa**「カバーする」／**lautta**「フェリー」／**liikenteen**「交通の」[属]＜liikenne／**ratikka = raitio-vaunu**「路面電車」／**Suomen-linna**は城塞島で世界遺産／**käytössäsi**「あなたが利用できる」[内]＋単2所接＜käyttö／**voimassa-olo-aika**「有効期間」／**liikenne-välineestä toiseen**「交通手段から別の交通手段へ」／**kerta-lippu**「一回券」／**sovellus**「アプリ」＜soveltaa／**R-kisok**「Rキヨスク（コンビニエンスストアのチェーン）」／**myynti-piste**「販売所」

訳例

Helsinkiにはとても便利な公共交通（HSL）がある、｜それは含む｜バス、路面電車、地下鉄、近郊列車、そしてフェリー輸送のサービスを。Helsinkiでは路面電車、バス、地下鉄、近郊列車、そしてSuomenlinnaのフェリーがすべて利用できる｜同じチケットで。また、あなたは乗り換えができる｜チケットの有効期間内に｜ある交通手段から別の交通手段へ。一回券は買うことができる｜HSLアプリで、HSLの券売機から、R-キヨスクから、その他のHSLの販売所から。

読んでみよう

2. たくさん利用するなら「一日券」が便利、ただしゾーンにも注意

a. Vuorokausilippu on kätevä, kun teet useampia matkoja. Voit valita lipun voimassaoloajaksi 1–7 vuorokautta.

b. HSL-alue jaetaan neljään vyöhykkeeseen, jotka on nimetty kirjaimin A, B, C ja D Helsingin keskustasta alkaen. ……Helsinki-kortin haltijalla on vapaa matkustusoikeus riippuen kortista joko vyöhykkeillä A/B tai A/B/C. 【14/231】

単語・表現

vuoro-kausi「一日」／**kätevä**「便利な」＜käsi／**useampi**「より多くの」比＜usea／**voimassa-olo-ajaksi**「有効期間として」[変]＜-aika／**jaetaan**「分けられる」受現＜jakaa／**vyöhykkeeseen**「ゾーンに」[入]＜vyöhyke／**on nimetty**「名づけられている」受完＜nimetä／**kirjaimin**「文字で」[複具]＜kirjain／**alkaen**「〜以来、〜から始まって」／**Helsinki-kortti**「Helsinki カード（交通機関や博物館などを利用できるカード）」／**haltija**「所持者」／**vapaa matkustus-oikeus**「無料で旅行する権利」／**riippuen**「〜により」e不[具]＜riippua（+[出]）

訳例

a. 一日チケットが便利だ、｜あなたが何度も移動をするときには。あなたは選べる｜チケットの有効期間として｜1〜7日間を。

b. HSLのエリアは分けられている｜4つのゾーンに、｜［それらは名前がつけられている｜A、B、C、Dの文字で｜Helsinkiの中心から始まって］。……Helsinki カードをもっている人には｜無料で旅行する権利がある｜カード（の種類）によって｜ゾーンA／Bか、あるいはA／B／Cかで。

読んでみよう

3. とにもかくにも、まずは空港から中心街へ

Lentokenttäjuna (I/P) on nopea ja mukava tapa liikkua keskustan ja lentokentän välillä. Matka kestää noin 30 minuuttia. Lentokentän juna-asemalta pääsee kulkemaan sisäkautta suoraan terminaaliin. Matkoille Helsingistä lentoasemalle/lentoasemalta Helsinkiin tarvitset ABC-lipun. 【15/231】

単語・表現

I と P はそれぞれ列車の路線記号／**sisä-kautta**「屋内を通って」

19

　空港列車（I列車／P列車）は速くて快適な手段だ｜中心部と空港の間を移動するための。移動は約30分かかる。空港の鉄道駅からは行ける｜屋内を通って｜直接ターミナルまで。[移動には｜Helsinkiから空港への／空港からHelsinkiへの]｜あなたはABCチケットが必要だ。

　Helsinki近郊列車のI列車とP列車はHelsinki中央駅と空港との間の同じ路線を逆に走っている。中央駅からは約10分おきに発車している。

読んでみよう

4. Helsinkiは徒歩でもいろいろ楽しめる

Helsinki on matkailijalle oiva kaupunki, koska suuri osa nähtävyyksistä sijaitsee lyhyen kävelymatkan päässä toisistaan. Ja vaikka olet keskellä keskustan vilinää, viheralueet ja meri eivät koskaan ole kaukana. Matkailu-neuvonnasta Rautatieasemalta voit hakea erilaisia teemoitettuja karttoja, joiden avulla voit suunnitella kävelyreittejä ympäri kaupunkia. 【16/231】

単語・表現

oiva = oivallinen「すばらしい」／ **nähtävyys**「名所」< nähtävä < nähdä ／ **päässä**「先に」／ **toisistaan**「おたがいから」[複出]＋複3所接< toinen ／ **vilinä**「喧噪」／ **viher-alue**「緑地」／ **matkailu-neuvonta**「観光案内所」／ **teemoitettuja**「テーマを与えられた」受過分 [複分] < teemoittaa < teema ／ **joiden avulla**「それらの助けで」／ **reittejä**「ルートを」[複分] < reitti

訳例

　Helsinkiは旅行者にとってはすばらしい都市だ、｜[なぜなら観光名所の大部分が位置しているから｜おたがいから短い徒歩圏内に]。そして、たとえあなたが中心街の喧騒の中にいても｜緑地や海はけっして遠くはない。鉄道駅の観光案内所からは｜手に入れられる｜さまざまなテーマ別の地図を、｜それらの（地図の）助けで計画できる｜散策ルートを｜街中の。

読んでみよう

5. 天気のよい日には自転車が便利、しかも何より気持ちがよい！

Pyöräillen pääset helposti ympäri kaupunkia nopeasti. Suosittu reitti on vanhaan ratakuiluun rakennettu kevyen liikenteen väylä Baana, joka on osa Helsingin 1200 kilometrin pituista pyörätieverkostoa. Baanaa pitkin pääset Keskuspuistosta satama-alueille, keskustan sykkeestä hiljaisempien peltojen ja metsien reunoille ja ympäri lähisaaristoa.

Kaupunkipyörät ovat suosittu tapa liikkua kesä-Helsingissä. Sekä kaupunkilaisten että Helsingissä ja Espoossa vierailevien käytössä on kesällä 2021 yhteensä 3500 keltaista kaupunkipyörää. 【17/231】

単語・表現

pyöräillen「自転車に乗って」e不 [具] ＜ pyöräillä ／ **suosittu**「人気のある」受過分 ＜ suosia ／ **rata-kuilu**「線路を作るために掘り下げた場所」／ **rakennettu**「建てられた」受過分＜ rakentaa ／ **kevyen liikenteen**「軽交通路の」[属]＜ kevyt liikenne ／ **väylä**「航路、通路」／ **pituista**「～の長さの」[分]＜ pituinen ＜ pitkä ／ **verkosto**「網、ネットワーク」＜ verkko ／ **pitkin**「～に沿って」／ **Keskus-puisto**「中央公園」(33~36ページを参照) ／ **sykkeestä**「鼓動から」[出]＜ syke ／ **hiljaisempien**「より静かな」比 [複属]＜ hiljainen ／ **reuna**「縁、端」／ **saaristo**「群島」＜ saari ／ **vierailevien**「訪れる人々の」能現分 [複属]＜ vierailla ／ **olla käytössä**「利用に供されている、利用できる」

訳例

　自転車に乗れば簡単に行くことができる｜街中どこでもすばやく。人気のあるルートは古い線路の跡に作られた軽交通路Baanaだ、｜［それは一部である｜Helsinkiの1200kmの長さのサイクリングロード網の］。Baana沿いに行ける｜中央公園から港の地域まで、｜都心の喧騒からより静かな畑や森の端まで｜そして近くの群島中を。

　シティサイクルは人気の手段だ｜夏のHelsinkiを移動するための。都市の人々とHelsinkiやEspooを訪れる人々の使用に供されている｜2021年の夏には｜合計で3500台の黄色いシティサイクルが。

読んでみよう

6. Helsinkiといったらやっぱり路面電車

Raitiovaunu 2 toimii hyvänä nähtävyysreittinä, sen varrella on useita Helsingin nähtävyyksiä. Eläintarhan tai Auroran sairaalan pysäkeillä voi myös vaihtaa raitiovaunu 3:een ja jatkaa takaisin keskustaan. Tämä ei kuitenkaan ole ainoa raitiovaunureitti, jonka varrella on paljon mielenkiintoista nähtävää. Arkkitehtuurin ystäville 4:n reitti on oikea kultasuoni. Designista kiinnostuneiden kannattaa puolestaan nousta raitiolinjan 6:n kyytiin. 【18/231】

nähtävyys-reittinä「観光コースとして」[様] < -reitti ／ **varrella**「傍らに、沿線に」[接] < varsi ／ **3:een** = kolmoseen「3番へ」[入] < kolmonen ／ **nähtävä**「見るべき（もの）」受現分 < nähdä ／ **4:n** = nelosen「4番の」[属] < nelonen ／ **kulta-suoni**「金鉱脈」／ **kiinnostuneiden**「興味のある人々」能過分 [複属] < kiinnostua（+［出］）／ **kannattaa**「する価値がある」（主語に相当する語は属格、ここでは kiinnostuneiden）／ **puolestaan**「一方」< puoli ／ **nousta kyytiin**「乗る」／ **6:n** = ku(u)tosen「6番の」[属] < ku(u)tonen

　2番の路面電車は機能する｜よい観光コースとして、｜その沿線に多くの Helsinki の名所があるから。Eläintarha「動物園」あるいは Auroran sairaala「アウロラ病院」の停留所でまた乗り換えられる｜3番の路面電車に｜そして中心街へ戻ることもできる。これは、しかしながら、[唯一の路面電車の路線ではない、｜その沿線に多くの興味深い名所があるような]。建築好きには4番の路線は本当の金鉱脈だ。デザインに興味のある人はすべきだ｜一方で｜6番の路面電車に乗ることを。

読んでみよう

7. フェリーのデッキで風を受けながら世界遺産 Suomenlinna へ

Suomenlinnaan pääsee lautalla ympäri vuoden. Kauppatorin ja Suomenlinnan merilinnoituksen välillä liikennöi HSL:n lautta. Lauttaterminaali sijaitsee Kauppatorin itäpäässä, Presidentinlinnan edustalla. Suomenlinnan lautalle kelpaavat HSL:n liput sekä Helsinki-kortti. 【19/231】

ympäri vuoden「一年中」／ **meri-linnoitus**「要塞島、海上城塞」／ **liikennöidä**「運行する、運航する」< liikenne ／ **itä-päässä**「東端に」[内] < -pää ／ **Presidentin-linna**「大統領官邸」／ **edusta**「正面、前面」／ **kelpaavat**「通用する、有効である」< kelvata

　Suomenlinna へは行ける｜フェリーで｜1年中。Kauppatori と Suomenlinna 海上城塞の間を運航している｜HSL のフェリーが。フェリーターミナルは位置している｜[Kauppatori の東端に、｜大統領官邸の前に]。Suomenlinna フェリーには有効だ｜HSL のチケットと Helsinki カードが。

　Suomenlinna はぜひ訪れたい場所。事前の知識なしに出かけても楽しめるが、ホームページ Suomenlinna（https://www.suomenlinna.fi/ja/）でいろいろと調べておくとさらに楽しめる。

04 手頃な値段でスープでも

そろそろ昼ごはん　　　　Suomi

物価の高いフィンランド、お昼においしいものを食べて、夜はスーパーで買ったものをホテルの部屋で。HelsinkiのVanha kauppahalli「オールドマーケットホール」にあったスープの店Soppakeittiöのサイトを見てみることにする。

読んでみよう

1. スープはスープ以上のもの
Keitto on niin paljon enemmän kuin keittoa, se on kulhollinen lämpöä - tuhtia tai kevyttä. Hyvän leivän ja aurinkoisen hymyn kanssa tarjoiltu täydellinen ateria. Keitto on makujen maailma - pitkään haudutettu gulassi smetanalla, tulinen kana-kookoskeitto iduilla ja tuoreella korianterilla, pirteän vihreä tuorehernekeitto mintulla ja täyteläisellä jogurtilla…

【20/231】

単語・表現

kulhollinen「ボウルに入った」＜kulho ／ **tuhti**「しっかりした、堅固な」／ **tarjoiltu**「提供されるような」受過分＜tarjoilla＜tarjota ／ **haudutettu**「煮込まれた」受過分＜hauduttaa ／ **gulassi**「グヤーシュ（パプリカなどを使うハンガリーのスープ）」／ **smetana**「スメタナ（牛乳を発酵させたもの）」／ **kookos**「ココナッツ」／ **itu**「新芽、もやし、スプラウト」／ **korianteri**「コリアンダー」／ **pirteä**「快活な」／ **minttu**「ミント」／ **täyteläinen**「豊潤な」＜täysi

訳例

スープはスープ以上のものだ、｜それはボウルいっぱいの温かさだ｜―ボリュームがあったり、あるいはあっさりしていたり。おいしいパンと太陽のような微笑とともに提供される完璧な食事。スープはさまざま味の世界だ―［じっくりと煮込んだグヤーシュ｜スメタナで］｜［辛いチキンのココナッツスープ｜新芽と新鮮なコリアンダーを使った］｜［鮮やかな緑色をした新鮮なエンドウ豆のスープ｜ミントとコクのあるヨーグルトを使った］…

● [Oliiviseljanka「オリーブソリャンカ」]
https://fi.wikipedia.org/wiki/Seljanka

23

2. スープは完璧な食事

Jokainen keittomme on valmistettu paikan päällä omassa keittiössämme – suomalaisia keittoja, joihin löytyy makuinspiraatiota maailmalta. Tiedämme ja uskomme, että keitto on täydellinen ateria, kun toivot jotain nopeaa ja hyvin valmistettua, ei liian raskasta, mutta sopivan täyttävää…

【21/231】

単語・表現

keittomme「我々のスープ」＜keitto＋複1所接／**on valmistettu**「作られている」受完＜valmistaa／**paikan päällä**「その場で、現地で」／**maku-inspiraatio**「味のインスピレーション」／**täydellinen**「完璧な」＜täysi／**jotain**「何かを」[分]＜jokin／**valmistettua**「作られたものを」受過分[分]＜valmistaa／**raskas**「重い」／**sopivan**「適度に」能現分[属]＜sopia／**täyttävää**「満たすような」能現分[分]＜täyttää＜täysi

訳例

すべての我々のスープは作られている｜その場で、自分たちのキッチンで―［フィンランドのスープ、｜そのためには見つかる｜世界中からの味のインスピレーションが］。我々は知っているし信じている｜スープは完璧な食事であると、｜あなたが望むときに｜［何か早くて、そしてうまく調理されたものを、｜あまり重すぎないが、｜適度にお腹を満たしてくれるものを］…

補足

学校の食堂などのメニューでは次のような記号がよく使われている。

L＝laktoositon「ラクトースフリー（無乳糖）」　　　G＝gluteeniton「グルテンフリー」

M＝maidoton「牛乳を使っていない」　　　V(EG)＝vegaani「ビーガン」

3. 2022年9月のメニューからいくつか（毎日3種類から選べるようだ）

Maanantai 5.9

Runsas sieniseljanka keitto & kasviscreme　M, G, V

Mausteinen kanamangokeitto, inkivääri & korianterijogurtti L, G（M）

Kermainen lohikeitto, tilli & ruohosipuli　L, G

Keskiviikko 7.9
　Samettinen porkkanakeitto, manteli & rakuuna L, G
　Aromikas kanakeitto, kookos & lime M, G
　Runsas lohiseljanka, oliivi & smetana L, G（M）
Torstai 8.9
　Kreikkalainen linssikeitto & feta jogurtti L, G（M）
　Mausteinen kanakeitto, avokado & chili M, G
　Kermainen katkarapukeitto, appelsiini & fenkolisalaatti L, G
Lauantai 10.9
　Mausteinen currykeitto, mango & tuoretomaatti M, G, V
　Rustiikkinen lammaskaalikeitto, tilli & smetana L, G（M）
　Talon Bouillabaisse & sahrami aioli M, G　　　　【22/231】

訳例

9月5日（月）
　たっぷりのキノコのソリャンカスープ＆野菜クリーム
　スパイシーなチキンマンゴースープ、生姜＆コリアンダーヨーグルト
　クリーミーなサーモンスープ、ディル＆チャイブ
9月7日（水）
　まろやかなにんじんスープ、アーモンドとタラゴン
　香り豊かなチキンスープ、ココナツ＆ライム
　たっぷりのサーモンソリャンカスープ、オリーブ＆スメタナ
9月8日（木）
　ギリシャ風レンズ豆のスープ＆フェタヨーグルト
　スパイシーなチキンスープ、アボカド＆チリ
　クリーミーな海老のスープ、オレンジ＆フェンネルのサラダ
9月10日（土）
　スパイシーなカレースープ、マンゴー＆フレッシュトマト
　田舎風ラムとキャベツのスープ、ディル＆スメタナ
　お店のブイヤベース＆サフランのアイオリ

　seljanka「ソリャンカ」はウクライナのスープだそうだが、もともとフィンランドでなじみのあるものなのか、それともロシアの侵攻を機会に知られるようになったのかは不明。ソリャンカも含め日本語にはしてみたものの、私には理解できない。いろいろと調べてみてください。

25

4. テイクアウトも大丈夫、そしてお値段は？

a. Keitto on täydellinen take away lounas. Pakkaamme keiton ja lisukkeet tiiviisiin purkkeihin jotta lämpö ja maku säilyy kotiin asti. Leipä ja meidän legendaarinen yrttiöljy pakataan tietysti myös mukaan.

b. Käytämme ainoastaan kotimaista lihaa ja kalaa.
Kasviskeitot 10,50€, lihakeitot 12,50€, kalakeitot 13,50€　　【23/231】

単語・表現

pakkaame「我々は詰める」＜pakata ／ **lisuke**「添え物」＜lisä ／ **tiiviisiin purkkeihin**「密閉容器へ」［複入］＜tiivis purkki ／ **jotta**「～するように」／ **legendaarinen**「伝説的な」＜legenda ／ **yrtti**「ハーブ」［2022年9月5日時点の情報です］

訳例

a. スープは完璧なテイクアウトのランチだ。私たちは詰める｜スープと付け合わせを｜密閉容器に｜温かさと味が家まで保たれるように。パンと当店の伝説的なハーブオイルももちろん詰める｜一緒に。

b. 我々は使用する｜国産の肉や魚だけを。
野菜スープ 10,50 ユーロ、肉スープ 12,50 ユーロ、魚スープ 13,50 ユーロ

補足

　ちなみに Soppakeittiö は Vanha kauppahalli に加え Hakaniemen kauppahalli にも出店しているようだ。そしていつの間にか店名が SOUP+MORE に！この命名センスは果たして？？

　さて、Vanha kauppahalli と道を挟んだ隣にあるのが、これも有名な Ravintola Kappeli。

● [Esplanadi 通りの Ravintola Kappeli]
https://fi.wikipedia.org/wiki/Kappeli_(ravintola)

読んでみよう

5. 私はこんな高級レストランで食事をしたことなどないのだが

Esplanadin helmi - tarinaa jo vuodesta 1867. Kappelin vetovoimalla on pitkät perinteet. Espan puiston kauneus, lasiverannan avaruus, rakennuksen arvokas olemus ja moderni keittiö ovat valmiina tämän päivän asiakkaille. Kappelin salissa on tunnelmaa pariskunnille sekä puitteet myös suuremmille seurueille.

Kappelin kahvila on yksi perinteisimmistä tapaamispaikoista Helsingissä. Lounasaikaan tarjolla on päivittäin vaihtuva keitto, muuten vitriineistä valittavissa herkullisia makeita ja suolaisia vaihtoehtoja.

Kappelin terassi on saavuttanut legendaarisen maineen, sillä kesäinen Esplanadi, Kauppatorin vilske ja Espan lavalta kantautuvat rytmit luovat ainutlaatuisen tunnelman. 【24/231】

単語・表現

Esplanadi「エスプラナディ通り」／**veto-voima**「引力、魅力」／**Espa**「エスプラナディ（公園）」／**veranta**「ベランダ」／**avaruus**「広がり」＜avara／**olemus**「たたずまい」＜olla／**pariskunta**「カップル」／**puitteet**「枠組みを」[複主対]＜puite／**suuremmille**「より大きな」比[複向]＜suuri／**seurue**「グループ」＜seura／**perinteisimmistä**「もっとも伝統的な」最[複出]＜perinteinen＜perinne／**vaihtuva**「替わるような」能現分＜vaihtua／**muuten**「ほかの場合には、そうでなくとも」／**vitriini**「ガラスの（陳列）ケース」／**valittavissa**「選べるように」受現分[複内]＜valita／**vilske**「賑わい」／**kantautuvat**「届くような」能現分[複主]＜kantautua＜kantaa／**ainut-laatuinen**「独特な」／**tunnelma**「雰囲気」＜tunne

訳例

　Esplanadiの真珠 ―すでに1867年からの物語。Kappeliの魅力には長い伝統がある。Esplanadi公園の美しさ、ガラステラスの開放感、建物の堂々としたたたずまい、そして現代的なキッチンは準備ができている｜現代の客のために。Kappeliのホールには［雰囲気がある｜カップルのための］｜そして［場所（枠組み）がある｜、より大きなグループのためにも］。

　Kappeliのカフェは［一つだ｜Helsinkiでもっとも伝統ある待ち合わせ場所の］。ランチタイムに提供されているのは日替わりのスープだ、｜ランチタイムでなければガラスケースから選ぶことができる｜おいしいスイーツやしょっぱいものを。

　Kappeliのテラスは獲得している｜伝説的な評判を、｜というのも、夏のEsplanadi、Kauppatoriの賑わい、Esplanadi公園のステージから響くリズムが作り出しているから｜独特の雰囲気を。

05 それは子どもの権利

フィンランドは子どもを大切にするところ。2017年3月28日のIltalehti紙では、あるホテルが「大人はエレベーターのボタンを押してはいけない」という表示を出したことが紹介されている。

- [ホテルのエレベーターに貼られた表示]
  Lapsinäkökulmaホームページ
  https://lapsinakokulma.word-press.com/2017/11/08/his-sin-napin-painaminen-kiellet-ty-aikuisilta/

読んでみよう

1. ホテルのエレベータでボタンを押してよいのは誰？

a. Hissin napin painaminen kielletty aikuisilta - hotellin hauskassa kyltissä laitetaan lapset etusijalle.

b. Hotelliketju on halunnut antaa lapsille mahdollisuuden painaa hissin-nappia.

c. ”Lasten ollessa hississä, AIKUISET EIVÄT SAA PAINAA HISSINAPPIA!”

【25/231】

単語・表現

nappi「ボタン」／ **painaminen**「押すこと」動名＜painaa ／ **kielletty**「禁じられた」受過分＜kieltää／ **kyltti**「表示」／ **laitetaan etu-sijalle**「優先される」(laitetaan 受現＜laittaa)／ **ketju**「鎖（ここではホテルチェーンのこと）」／ **ollessa**「いるときに」e不 [内]〔時構〕＜olla

訳例

a. エレベーターのボタンを押すことは大人は禁止─ホテルの愉快な表示の中では子どもたちが最優先にされている。

b. あるホテルチェーンは与えたいと思った｜子どもたちに可能性を｜エレベーターのボタンを押すための。

c.「子どもたちがエレベーターに乗っているときは、大人はエレベーターのボタンを押してはいけない！」

読んでみよう

2. エレベータでがっかりした記憶は？

Moni varmasti muistaa lapsena harmistuneensa, kun aikuinen ehti painaa hissinnappia ensin. Sokos Hotels on halunnut välttää pettymykset hisseissä ja laittanut lapsiperheiden suosimien hotellien hisseihin tarrat, joissa annetaan lapsille etuoikeus painaa nappia. 【26/231】

単語・表現

lapsena「子どものころに」／ **muistaa harmistuneensa**「悔しかったのを覚えている」（分構）（harmistuneensa 能過分［属］＋単3所接＜harmistua）／ **ehti**「間に合った、（時間があって）できた」＜ehtiä／ **välttää**「避ける」／ **pettymys**「失望」＜pettyä＜pettää／ **suosimien**「好むような」動分［複属］＜suosia／ **tarra**「シール」／ **joissa**「それらの中で」［複内］＜joka／ **annetaan**「与えられる」受現＜antaa／ **etu-oikeus**「優先権」

訳例

　多くの人はきっと覚えている｜子どもの頃にむかついたことを、｜大人が先にエレベーターのボタンを押したときに。Sokos ホテルは避けたいと思った｜［がっかりすることを｜エレベーターで］｜そして貼った｜子ども連れの家族が好むホテルのエレベーターに｜シールを、｜そのシールの中では与えている｜子どもたちに｜優先権を｜ボタンを押すための。

読んでみよう

3. それでもボタンを押せない子どもだっているから

Lasten mielipidettä kylteistä on vaikea tietää, he kun eivät somessakaan vaikuta.
- Heidän kanssaan on ollut sellaisia mukavia kohtaamisia. Kyllä he ainakin yrittävät painaa nappia hisseissä, mutta voi olla, että iästä riippuen aikuiset joutuvat vähän auttamaan. 【27/231】

単語・表現

mieli-pide「意見」／ **kun**「～なので」／ **some＝sosiaalinen media**「ソーシャルメディア」／ **vaikuttaa**「影響する」／ **kohtaamisia**「出会い」動名［複分］＜kohdata／ **voi olla että ...**「～ということもありうる」／ **iästä riippuen**「年齢によっては」（iästä［出］＜ikä）

子どもたちの［意見を｜表示についての］｜知ることは難しい、｜なぜなら彼らはソーシャルメディアで影響を与えていないから。

「子どもたちとは楽しい出会いもあった。確かに彼らは少なくともボタンを押そうとする｜エレベーターで、｜しかし、ありうるだろう、｜年齢によっては大人が少し助けてあげなければならないことが。

旅の準備に使えそうなのがPienten Helsinki「ちびっ子たちのHelsinki」（https://www.pientenhelsinki.fi/）というサイト。スマホのブラウザーでサイトを開くと「ホーム画面に追加しますか」と問われるので、OKすれば画面にアプリとして登録されるようだ。Mariさんが子どもたちをもつ親のために作ったサイトだが、子どもがいなくても参考になる。

スマートフォンであればEtusivu「トップページ」で右上のメニュー（「≡」）を押したり、ページ下部にあるKATEGO-RIAT「カテゴリー」から進んでもよい。

• ［Pienten Helsinkiのロゴ］
Pienten Helsinki ホームページ
https://www.pientenhelsinki.fi/

4. 子どもと一緒に博物館・美術館を楽しもう

Sisätekemistä kaipaaville ja sadesäällä monet museot Helsingissä ja lähiseudulla ovat mainioita paikkoja viettää aikaa ja kokea uutta. Useissa museoissa pienet museovieraat on huomioitu hyvin ja esimerkiksi rattaiden ja vaunujen kanssa saa liikkua myös näyttelyissä. Useasta museosta löytyy myös varsin toimiva hoitohuone sekä paikka eväiden syöntiä varten.

【28/231】

sisä-tekeminen「屋内での活動」／ **kaipaaville**「求める人々へ」能現分［複向］＜kaivata／ **vieraat**「客たち」［複主対］＜vieras／ **on huomioitu**「考慮されている」受完＜huomioida＜huomio／ **(lasten-) rattaiden**「ベビーカーの」［複属］＜ratas／ **(lasten-) vaunujen**「乳母車の」［複属］＜vaunu／ **näyttely**「展示」＜näytellä＜näyttää／ **toimiva**「機能的な」能現分＜toimia／ **hoito-huone**「世話をする部屋」／ **eväiden**「弁当の」［複属］＜eväs／ **syönti**「食べること」＜syödä

屋内でやることを求める人たちへ｜そして雨天のとき｜Helsinkiと近郊にある多くの博物館は［申し分のない場所だ｜時間を過ごし新しい体験をするのには］。多くの博物館では小さなお客さんのこともよく考えられている｜そして、たとえば、ベビーカーや乳母車と一緒に動くことができる｜展示室でも。多くの美術館では見つかる｜また非常に機能的なベビールームが｜そして、ごはんを食べるための場所も。

それでは、次はページ下部KATEGORIATからKESÄ HELSINGISSÄへ進んでKesäkahviloita Helsingissä「Helsinkiの夏のカフェ」、Kesäpihoja Helsingissä「Helsinkiの夏の庭」、そしてBongaillaan!「観察しよう！」という記事を見てみることにする。

読んでみよう

5. 野外カフェで楽しむHelsinkiの爽やかな夏

Helsingistä löytyy ihania kesäkahviloita ympäri kaupunkia, joissa voi piipahta lasten kanssa hyvillä mielin. Kesäkahvilalistalla on tällä hetkellä yhdeksän Pienten Helsingin taustatiimin suosikkia!
Pienten Helsinki kuulee mielellään vinkkejä uusista lapsiystävällisistä kahviloista ja ravintoloista, joten vinkkaa tai kutsu meidät kylään! 【29/231】

単語・表現

piipahtaa「訪れる、立ち寄る」／**hyvillä mielin**「よい気分で」(hyvillä [複接] < hyvä、mielin [複具] < mieli)／**tausta-tiimi**「支援チーム」／**suosikki**「お気に入り」< suosia／**mielellä** +所接「喜んで」／**vinkki**「ヒント、情報」／**-ystävällinen**「～にやさしい」／**vinkkaa**「ヒントを与えて」[命]単2 < vinkata < vinkki／**kylään**「訪れるように、訪れて」⇒ kylässä, kylästä < kylä

訳例

Helsinkiでは見つかる｜すてきな夏のカフェが｜街中に、｜そこには立ち寄ることができる｜子どもと一緒に｜よい気分で。夏のカフェのリストにはある｜現時点で｜9軒の「ちびっ子たちのHelsinki」応援チームのお気に入りが。
「ちびっ子たちのHelsinki」は喜んでヒントを聞きたい｜新しい｜子どもに優しいカフェやレストランについて、｜だから情報を寄せるか私たちを誘って。

6. Helsinkiにはすてきな公園がいっぱい

Lämpimänä kesäpäivänä Helsingin puistot ovat upeita paikkoja viettää aikaa. Puistojen lisäksi Helsingistä löytyy monta erilaista kesäpihaa, joissa voi hengähtää keskellä kaupungin vilinää tai vaikka nukuttaa pientä päiväunille. Pienten Helsinki listaa kaupungista löytyviä kesäpihoja ja vinkkaa tutkimaan kaupunkia myös sisäpihoilta ja kivimuurien takaa. Vinkit päivitetty kesän 2021 tiedoilla. 【30/231】

単語・表現

hengähtää = henkäistä「呼吸をする、一息つく」＜henki ／ **vilinä**「喧噪」／ **vaikka**「たとえば」／ **päivä-uni**「昼寝」／ **listaa**「リストにする」現単3＜listata＜lista ／ **löytyviä**「見つかるような」能現分［複分］＜löytyä ／ **sisä-piha**「中庭」／ **muuri**「塀、垣」／ **takaa**「向こうから」⇒takana, taa/taakse ／ **päivitetty**「更新された」受過分＜päivittää＜päivä

訳例

　暖かい夏の日にはHelsinkiの公園はすばらしい場所だ｜時間を過ごすには。公園に加えてHelsinkiでは見つかる｜多くのさまざまなサマーガーデンが、｜そこでは一息つける｜都会の喧騒の真ん中で｜あるいは、たとえば小さな子どもに昼寝をさせられる。「ちびっ子たちのHelsinki」はリストにする｜街で見つかるサマーガーデンを｜そしてヒントを与える｜街を観察するための｜中庭からや石垣の向こう側からも。ヒントは2021年夏の情報で更新済み。

7. 乗り物や機械が好きならお楽しみがいっぱい

Junia, lentokoneita, raitiovaunuja, laivoja, traktoreita, nostureita… Näitä ja paljon muita kulkuneuvoja ja koneita voi bongailla Helsingissä! 【31/231】

単語・表現

nosturi「クレーン（車）」＜nostaa ／ **bongailla**「（バードウオッチングで）見つける、観察する」

訳例

　列車、飛行機、路面電車、船、トラクター、クレーン…。これらを、そしてほかにもたくさんの乗り物や機械を観察できる｜Helsinkiで。

06 | 中心街からすぐに自然の中へ
KeskuspuistoとNuuksio `Suomi`

首都でありながらHelsinkiは自然と近い街。なかでもKeskuspuisto「中央公園」はHelsinki の中心部から目と鼻の先、というより中心部にある。Espoo駅からバスで行くことのできる Nuuksio国立公園も見逃せない。

読んでみよう

1.「中央公園」は、本当は「中央森林」?

Helsingin Keskuspuiston nimen pitäisi oikeammin olla Keskusmetsä. Keskeisiltä osiltaan puistoa ei ole hoidettu talousmetsänä liki 100 vuoteen, vaan sen on annettu kasvaa ja kehittyä liki luonnontilaisena. 【32/231】

単語・表現

pitäisi「〜すべきだろう」[条] 単3＜pitää（主語に相当する語は属格であるnimen）／ **oikeammin** 「より正確には」[副] 比＜oikea／ **keskeisiltä**「中心的な」[複奪]＜keskeinen／ **osiltaan**「部分 においては」[複奪]＋単3所接＜osa／ **ei ole hoidettu**「管理されていない」受完否＜hoitaa／ **talous-metsä**「商業林」／ **liki**「ほぼ」／ **on annettu**「〜させられてきた」受完＜antaa（antaa＋ [属]＋A不「〜に…させておく」）／ **luonnon-tilaisena**「自然の状態で」[様]＜-tilainen

訳例

Helsinki中央公園の名前は［あるべきだ｜より正確には「中央森林」で］。中心となる部分におい て｜公園は管理されていない｜商業林として｜100年近くも、｜そうではなく、それは成長・発展さ せられてきた｜ほぼ自然の状態で。

読んでみよう

2. 中央公園は首都の肺であり生命線

Keskuspuisto on stadin keuhkot ja henkireikä. Se kurottautuu liki 10 kilometrin pituisena saarekkeena Töölöstä Haltialaan, Vantaanjoen varteen. Hienointa on, että kaikkialta kaupungista pääsee sinne fillarilla tai kävellen, joten ei ole ihme, että siellä on laskettu noin 2 miljoonaa käyntiä vuodessa. Tämä on enemmän kuin Suomen kansallispuistojen kaikki kävijämäärät vuodessa. 【33/231】

stadi「都市、Helsinki」／**henki-reikä**「（比喩的に）生命線」／**kurottautua = kurkottautua**「伸びる」／**liki 10 kilo-metrin pituisena saarekkeena**「10キロ近い長さの島のようにして」（saarekkeena [様]＜saareke＜saari)／**varteen**「ほとりへ」[入]＜varsi／**hienointa**「もっとすばらしい」最[分]＜hieno／**kaikkialta**「あらゆる場所から」⇒ kaikkialla, kaikkialle／**pääsee**「行くことができる」＜päästä／**fillari = polku-pyörä**「自転車」／**kävellen**「歩いて」e不[具]＜kävellä／**on laskettu**「数えられている」受完＜laskea／**käynti**「訪問」＜käydä／**kansallis-puistojen**「国立公園の」[複属]＜-puisto／**kävijä-määrä**「訪問者数」

　中央公園は首都の肺であり生命線である。それは伸びている｜10キロ近くの長さの島のように｜TöölöからHaltialaまで、｜そしてVantaa川のほとりまで。もっともすばらしいのは｜街のどこからでも行けることだ｜そこへ｜自転車や徒歩で、｜そのため不思議ではない、｜｜[そこでは数えられていることも｜1年で約200万の訪問が]。これはより多い｜フィンランドの国立公園の1年間のすべての訪問者数よりも。

3. 中央公園の始まりは1911年までさかのぼる

Helsingin Keskuspuisto sai alkunsa arkkitehti Bertel Jungin vuonna 1911 tekemästä suunnitelmasta, johon kuuluu Töölönlahti ympäristöineen. Usein Töölönlahden ympäristö luetaan mukaan Keskuspuistoon, mutta virallisesti Keskuspuisto alkaa Laaksosta ja jatkuu siitä pohjoiseen aina kaupungin rajalle, Vantaanjoelle asti.　　　　　　　　　【34/231】

saada alkunsa「端を発する、生じる」／**tekemästä**「作ったような」動分[出]＜tehdä／**ympäristöineen**「周辺とともに、周辺を含めて」[共]＋単3所接＜ympäristö／**lukea mukaan**「含める」／**virallisesti**「公式に」＜virallinen

　Helsinki中央公園は生じた｜建築家Bertel Jungが1911年に作った計画から、｜そこにはTöölö湾とその周辺が含まれていた。しばしばTöölö湾の周辺は中央公園に含められる、｜しかし、公式には中央公園はLaaksoから始まる｜そして、そこから北へ続く｜市境へ｜Vantaa川まで。

● [8月の Keskuspuisto]
https://fi.wikipedia.org/wiki/Helsingin_keskuspuisto

読んでみよう

4. 森のせせらぎを耳にしながら魚を眺められるのもHelsinki

Lukuisat pienet purot halkovat aluetta. Eniten kuuluisuutta on saanut Suomen urbaanein taimenpuro, Haagapuro. Puron kunnostus on tehty vapaaehtoisvoimin talkootöinä ja siihen on punnerrettu kiviä ja rekka-lasteittain soraa. Vaivanpalkkana ovat olleet taimenet, joita voi nähdä vilahtavan purossa kävelyretkien lomassa. 【35/231】

単語・表現

puro「小川」／ **halkoa**「横切る」／ **kuuluisuus**「名声、有名であること」＜kuuluisa／ **urbaanein**「もっとも都会の」最＜urbaani＝urbaaninen／ **taimen**「ブラウントラウト」／ **kunnostus**「整備」＜kunnostaa／ **vapaa-ehtois-**「自発的な、ボランティアの」＜vapaa-ehtoinen／ **voimin**「力で」[複具]＜voima／ **talkoo-töinä**「寄合作業として」[複様]＜-työ（93-97ページを参照）／ **on punnerrettu**「努力して行っている」受完＜punnertaa／ **rekka**「トラック」／ **lasteittain**「積み荷単位で」＜lasti／ **sora**「砂利」／ **vaivan-palkka**「ごほうび、謝礼」／ **joita**「それらを」[複分]＜joka／ **vilahtavan** 能現分 [属]＜vilahtaa「一瞬姿を現す、きらめく」／ **kävely-retki**「散歩」／ **lomassa**「〜の間に」(lomasta, lomaan)

訳例

多くの小川が横切っている｜この地域を。もっとも有名になっているのはフィンランドでもっとも都会のブラウントラウトのいる小川、Haaga川だ。小川の整備は［行われている｜ボランティ

アの力で寄合作業として］｜そして、［そこには苦労して運んでいる｜石やトラック一杯の砂利を］。
ごほうびとなるのはブラウントラウトだ、｜［それらを見ることができる｜きらめいているのを｜
小川の中で｜散策の合間に］。

読んでみよう

5. いろいろなことができるから、いろいろな人が集まるKeskuspuisto
Keskuspuistossa on hyvät mahdollisuudet myös kaikenlaiseen luonto-
harrastukseen. Maastossa tapaa marjastajia ja sienestäjiä, valokuvaajia ja
lintuharrastajia sulassa sovussa koiranulkoiluttajien kanssa.　【36/231】

単語・表現

kaiken-lainen「あらゆる」／**marjastaja**「ベリーを摘む人」＜marjastaa＜marja／**sienestäjä**
「キノコを採る人」＜sienestää＜sieni／**lintu-harrastaja**「バードウォッチャー」／**sulassa**
sovussa「完全に調和して、仲良く」＜sula sopu／**ulkoiluttaja**「外で遊ばせる人」＜ulkoiluttaa

訳例

　中央公園ではよい可能性がある｜あらゆる自然の中での活動をするのにも。自然の中では出会
う｜ベリーを摘む人やキノコ狩りをする人、写真を撮る人、そしてバードウォッチャーに｜［調和
しているところを｜犬に散歩をさせる人たちと］。

読んでみよう

6. Keskuspuistoにはどうやったら行ける？
Keskuspuistoon pääsee Helsingin Rautatieasemalta kävellen 15 minuutis-
sa. Keskuspuisto alkaa Töölönlahdelta, josta kävely- ja pyöräilytiet sekä
Keskuspuistossa mutkittelevat polut jatkuvat aina Vantaalle ja Espooseen
saakka.　【37/231】

単語・表現

pyöräily「サイクリング」＜pyöräillä／**mutkittelevat**「曲がりくねったような」能現分［複主］
＜mutkitella＜mutka／**polut**［複主］＜polku「小道」

訳例

　中央公園へは行ける｜Helsinkiの鉄道駅から歩いて15分で。中央公園はTöölö湾から始まる、
｜そこからは散策路やサイクリングロード、そして中央公園の中の曲がりくねった小道が続く｜

Vantaa や Espoo にまで。

読んでみよう

7. もう一つのお薦めはNuuksio国立公園

Viritä arkesi uudelle tasolle metropolin lähikansallispuistossa. Nuuksion luonnossa voit liikkua monipuolisesti: harrastaa työpäivän jälkeen tai kaupunkilomalla tai pakata reppu reippaalle viikonloppuretkelle perheen kanssa. Nuuksion järvet, metsät, laaksot, suot ja kalliot tarjoavat täydellisen retkiympäristön. Piipahda myös Suomen luontokeskus Haltiassa tutustumassa koko Suomen luontoon.　　　　　【38/231】

単語・表現

viritä「高めろ」[命] 単2＜virittää「張る；調律する；気分にさせる」／ **arkesi**「あなたの日常を」[主対]＋単2所接＜arki／ **metropoli**「大都市」／ **kansallis-puisto**「国立公園」／ **moni-puolisesti**「多面的に」＜moni-puolinen／ **harrastaa**「（趣味などとして）行う」（ここでは liikkua すること）／ **reppu**「リュックサック」／ **reippaalle**「活気のある」[向]＜reipas／ **retki**「ハイキング」／ **piipahda**「立ち寄りなさい」[命] 単2＜piipahtaa／ **Suomen luonto-keskus Haltia**「フィンランド自然センター・ハルティア」／ **tutustumassa**「親しむために」MA不[内]＜tutustua

● [「白鳥（joutsen）」の絵文字。フィンランド人もずっと昔から大空に白鳥を見てきたのだろう]
this is Finland
https://finland.fi/emoji/

　あなたの日常を新しいレベルに引き上げなさい｜大都市の近隣の国立公園で。Nuuksioの自然の中では多様な形で動くことができる：一日の仕事の後や都会での休暇で（自然の中で）動き回るのもよい｜あるいは［リュックを詰めるのもよい｜元気にあふれた週末のハイキングへ｜家族と一緒に］。Nuuksioの湖、森、渓谷、沼地、そして岩場は提供する｜完璧なハイキング環境を。立ち寄りなさい｜フィンランド自然センターHaltiaにも｜フィンランド全体の自然に親しむために。

8. Helsinkiの中心からEspooへ電車で、そしてNuuksioまではバスで
Kansallispuiston itä- ja pohjoisosaan sekä Suomen luontokeskus Haltiaan kulkee Espoon keskuksesta lähtevä bussi 245（A）. Kesällä bussilla pääsee Nuuksion Kattilaan saakka, mutta talvella päätepysäkki on Nuuksion-päässä. Espoon keskukseen pääsee muun muassa junalla（E, L, U ja Y）.【39/231】

itä- ja pohjois-osaan「東部と北部へ」[入]＜-osa／**keskuksesta**「中心から」[出]＜keskus／**lähtevä**「出発するような」能現分＜lähteä／**pääte-pysäkki**「終点の停留所」／**muun muassa**「なかでも」

　国立公園の東部と北部、そしてフィンランド自然センターHaltiaへは行き来している｜Espooの中心から出発するバス245（A）番が。夏にはバスで行ける｜NuuksioのKattilaまで、｜しかし冬には終点はNuuksionpääになる。（Helsinkiから）Espooの中心へは行ける｜なかでも電車（E、L、U、Y）で。

　Nuuksioという語はそもそもサーミ語起源だという説がある。現在の北サーミ語においてNuuksioに対応する語はnjukčaで、この語は「白鳥」を意味する。もともとは湖の名前だったものが村の名前となり、さらに道の名前を経て地域の名前へ、そして最後には現在のように国立公園の名前へと、徐々に意味する範囲が拡大してきたと考えられている。
　フィンランド語で日常的に使われるkenttä「原、フィールド」、nuotio「焚き火」などもサーミ語からの借用語とされており、サーミ語が現在のフィンランド中部や南部でも影響を与えていたことがうかがえる。さらにkurki「鶴」もサーミ語からの借用語と考えられている。

07 | 自然は皆のもの

すべての人の権利

Suomi

jokamiehenoikeus「すべての人の権利」は北欧らしい、あるいはフィンランドらしい考え方かもしれない。

たとえば、土地の所有者の許可なく商業目的でベリーやキノコを採ってもよいと聞くとかなり驚くが、その権利は国籍にも左右されないとなると、まさしく「自然はすべての人のもの」だと感じる。水さえお金を出して買う時代に、この「すべての人の権利」は我々の将来へ向けて何か大きなヒントを与えてくれる考え方だと思う。

読んでみよう

1. まずはjokamiehenoikeusとは何なのか？

Jokamiehenoikeuksilla tarkoitetaan jokaisen Suomessa oleskelevan mahdollisuutta käyttää luontoa siitä riippumatta, kuka omistaa alueen tai on sen haltija. Niistä nauttimiseen ei tarvita maanomistajan lupaa eikä niistä tarvitse maksaa. Jokamiehenoikeutta käyttämällä ei kuitenkaan saa aiheuttaa haittaa tai häiriötä.　　　　　【40/231】

単語・表現

joka-miehen-oikeus「すべての人の権利」／ **tarkoitetaan**「意味する」受現＜tarkoittaa／ **oleskeleva**「滞在するような（人）」能現分＜oleskella／ **siitä riippumatta, kuka...**「誰が〜であるのかにかかわらず」（siitä［出］＜se、riippumatta MA不［欠］＜ riippua「ぶらさがる、依存する」）／ **omistaa**「所有する」／ **haltija**「所有者、管理者」／ **niistä nauttimiseen**「それらを享受することのために」（niistä［出］＜ne、nauttimiseen 動名［入］＜nauttia）／ **maan-omistaja**「土地の所有者」／ **käyttämällä**「使うことにより」MA不［接］＜käyttää／ **kuitenkaan**「しかしながら」（肯定文ではkuitenkin）／ **aiheuttaa**「引き起こす」／ **haitta**「面倒」／ **häiriö**「害」

訳例

jokamiehenoikeudet（という言葉）により意味される｜フィンランドに滞在するすべての人の可能性が｜自然を利用するための｜［（以下のことに）かかわらず、｜誰がその地域を所有しているのか、あるいは誰がその所有者であるのか］。それら（jokamiehenoikeudet）を享受するためには必要とされない｜土地の管理者の許可は｜また、それらについて支払いをする必要もない。すべての人の権利を行使することにより｜しかしながら引き起こしてはいけない｜面倒や害を。

2.「すべての人の権利」の前提条件とは？

Laajat luonnonalueet ja harva asutus luovat hyvät edellytykset jokamiehenoikeuksien käyttämiselle. Eri lait antavat, ohjaavat tai rajoittavat jokamiehenoikeuksia.　　　　　　　　　　　　　　　　　　　　　　　　　【41/231】

harva「まばらな」⇔ tiheä「密な」／ **asutus**「居住」＜ asuttaa ／ **edellytykset**「前提を」[複主対]
＜ edellytys ＜ edellyttää ／ **käyttämiselle**「使うことへ」動名 [向]＜ käyttää ／ **ohjata**「導く」／
rajoittaa「制限する」＜ raja

　広範な自然地域とまばらな居住が作り出す｜よい前提条件を｜「すべての人の権利」の行使のための。さまざまな法が与え、導き、あるいは制限している｜すべての人の権利を。

　jokamiehenoikeus とは、土地の所有関係と関わりなく自然を利用できる権利をさし、「自然享受権」とも訳される。この権利は北欧において広く認められたものである。その中でもフィンランドにおける「すべての人の権利」はかなり広範囲にわたるものであり、スウェーデンやノルウェーでも同様の権利が存在する。一方、デンマークとアイスランドでは土地の所有者の権利がより強く保障されているとのことである。

3. jokamiehenoikeus の考えによれば人は何をしてよいのか

Saat

liikkua jalan, hiihtäen tai pyöräillen muualla kuin pihamaalla ja erityiseen käyttöön otetuilla alueilla（esimerkiksi viljelyksessä olevat pellot ja istutukset），

oleskella tilapäisesti alueilla, missä liikkuminenkin on sallittua（esimerkiksi telttailla riittävän etäällä asumuksista），

poimia luonnonmarjoja, sieniä ja kukkia,

onkia ja pilkkiä,

kulkea vesistössä ja jäällä.　　　　　　　　　　　　　　　　　　【42/231】

jalan「脚で、徒歩で」[具] ＜ jalka ／ **hiihtäen**「スキーをして」e 不 [具] ＜ hiihtää ／ **pyöräillen**「自転車に乗って」e 不 [具] ＜ pyöräillä ／ **muualla**「他の場所で」⇒ muualta, muualle ／ **erityiseen käyttöön otetuilla alueilla**「特別な利用のために向けられている地域において」（otetuilla「取っておかれた」受過分 [複接] ＜ ottaa）／ **viljelyksessä**「耕作されて」＜ viljelys ／ **olevat**「いるような」能現分 [複主] ＜ olla ／ **istutus**「植林」＜ istuttaa ＜ istua ／ **tila-päisesti**「一時的に」／ **missä**「そこで」[内] ＜ [関代] mikä ／ **liikkuminen**「動くこと」動名 ＜ liikkua ／ **sallittu**「許可された」受過分 ＜ sallia ／ **telttailla**「テントを張る、キャンプをする」＜ teltta ／ **riittävän**「十分に」能現分 [属] ＜ riittää ／ **etäällä**「遠くで」⇒ etäältä, etäälle ／ **asumus**「住居」＜ asua ／ **poimia**「摘む、採る」／ **pilkkiä**「ルアー（疑似餌）で釣りをする（とくに冬に凍った湖などに穴を開けて釣る）」

あなたは（次のことは）**してもよい**

　　徒歩、スキー、自転車で移動すること｜［他の場所で｜庭や特定の利用に向けられた地域（たとえば耕作されている畑や植林）以外の］、

　　一時的に滞在すること｜［地域に、｜そこでは移動も許されている］（たとえば、テントを張ること｜住居から十分に離れた場所で）、

　　自然のベリー、キノコ、そして花を摘むこと、

　　釣りをすること、穴釣りをすること、

　　水域や氷上を移動すること。

読んでみよう

4. 逆に、人は何をしてはいけないのか

Et saa

　　aiheuttaa häiriötä tai haittaa toisille tai ympäristölle,

　　häiritä lintujen pesintää ja riistaeläimiä,

　　kaataa tai vahingoittaa puita,

　　ottaa sammalta, jäkälää, maa-ainesta tai puuta,

　　häiritä kotirauhaa,

　　roskata,

　　ajaa moottoriajoneuvolla maastossa maalla ilman maanomistajan lupaa,

　　kalastaa ja metsästää ilman asianomaisia lupia. 　　　　【43/231】

toisille「他の人々へ」[複向]＜toinen ／ **pesintä** 巣作り＜pesiä＜pesä「巣」／ **riista**「狩猟の対象となる鳥獣」／ **sammal**「苔」／ **jäkälä**「地衣類」／ **maa-aines**「土壌」／ **koti-rauha**「プライバシー、自宅などにおいて他者に平穏を乱されないこと」／ **ajo-neuvo**「車両」／ **asian-omainen**「該当の、合法の」

あなたは（次のことは）**してはいけない**
　害を与えたり迷惑をかけること｜他人や環境に、
　じゃまをすること｜鳥の営巣や狩猟の対象となる鳥獣の、
　切り倒したり傷つけること｜木々を、
　とること｜苔、地衣類、土壌、そして木を、
　侵害すること｜（他人の家の）プライバシーを、
　ゴミを捨てること、
　移動すること｜エンジンのついた車両で｜自然の中で｜土地の所有者の許可なく、｜
　釣りや狩りをすること｜正当な許可なしに。

　フィンランド環境省は2021年に*Jokamiehenoikeudet ja toimiminen toisen alueella: Lains*äädäntöä *ja hyviä käytäntöjä*（『すべての人の権利と他人の土地での行動―法令とよい慣例』）という報告書を公表しているが、まえがきや概要に続く記述は23章に分かれており、そのページ数なんと130ページ以上。このjokamiehenoikeusというものが、フィンランドにおいていかに重要な問題かが分かる。次のテキストはその報告書から。

● ［「ビルベリー（mustikka）」の絵文字だが、
　日本語タイトルは「スーパーフード」］
　this is Finland
　https://finland.fi/emoji/

読んでみよう

5. jokamiehenoikeusを行使できるのはどこ？

Suomen maa-alasta noin 96% on käytettävissä jokamiehenoikeudella. Muualla jokamiehenoikeudet eivät ole käytettävissä tai ne ovat rajoitettuja esimerkiksi rakentamisen, luonnonsuojelun tai maanpuolustuksen vuoksi. Vesialueita käytetään sekä vesilain yleiskäyttöoikeudella että jokamiehenoikeudella. 【44/231】

単語・表現

on käytettävissä「使用することができる」（käytettävissä 受現分［複内］＜käyttää）／ **rajoitettuja**「制限されて」受過分［複分］＜rajoittaa＜raja／**luonnon-suojelu**「自然保護」／ **maan-puolustus**「国防」／**vesi-laki**「水資源法」／**yleis-käyttö-oikeus**「一般的使用権」

訳例

　フィンランドの国土面積のうち約96%は利用することができる｜「すべての人の権利」により。他の場所では「すべての人の権利」を行使することはできない｜あるいは、それらは制限されている｜たとえば建設、自然保護、あるいは国防のために。水域は利用される｜水資源法による一般的な使用権により｜そして「すべての人の権利」により。

読んでみよう

6. もちろん他人のプライバシーを侵害してはダメ！

Kotirauha on turvattu perustuslailla. Tahallinen kotirauhan rikkominen on rikoslain nojalla rangaistavaa. Kotirauhan suojaamia paikkoja ovat muun muassa asunnot, loma-asunnot, teltat, asuntovaunut, asuttavat alukset ja veneet sekä yksityiset piha-alueet ja niihin välittömästi liittyvät rakennukset. 【45/231】

単語・表現

on turvattu「保障されている」受完＜turvata／**perustus-laki**「基本法（憲法）」／**tahallinen**「意図的な」⇔tahaton／**rikkominen**「こわすこと」動名＜rikkoa／**rikos-laki**「刑法」／ **rangaistava**「罰せられるべき」受現分＜rangaista／**suojaamia**「保護するような」動分［複分］＜ suojata＜suoja／**asuttava alus**「居住用の船舶」／**niihin välittömästi liittyvät rakennukset** 「それらに直接つながる建物」（liittyvät「結びつくような」能現分［複主］＜liittyä）

　自宅における平穏は保障されている｜基本法で。意図的に自宅における平穏を侵害することは刑法にのっとり罰せられる。自宅における平穏を保護する場所とは、なかでも住居、別荘、テント、キャンピングカー、居住用の船やボート、そして個人の庭やそれらに直接つながるような建物である。

読んでみよう

7.「すべての人の権利」は「すべての人」の権利、国籍など関係ない

Marjojen ja sienien poimimisoikeutta ei ole rajoitettu kansalaisuuden tai asuinpaikan perusteella. Marjoja ja sieniä saa kerätä tulonhankkimistar-koituksessa. Sisäasiainministeriön laaja-alainen työryhmä selvitti ul-komaalaisten marjanpoimintaan liittyviä kysymyksiä. Työryhmä katsoi, ettei ulkomaalaisten marjanpoimintaoikeuksia ole syytä pyrkiä rajoit-tamaan. 【46/231】

単語・表現

poimimis-oikeutta「採集する権利」（poimimis-＜poimiminen 動名＜poimia, oikeutta［分］＜oikeus）／ **ei ole rajoitettu**「制限されていない」受完否＜rajoittaa）／ **kansalaisuuden**「国籍の」［属］＜kansalaisuus／ **asuin-paikka**「居住場所」／ **perusteella**「〜を根拠に」／ **tulon-hankkimis-tarkoituksessa**「収入を得る目的で」（tulo「収入」、hankkimis-＜hankkiminen「入手すること」動名＜hankkia, tarkoituksessa「目的で」［内］＜tarkoitus）／ **sisä-asiain-ministeriö**「内務省」／ **laaja-alainen**「広範な」／ **selvittää**「明らかにする」＜selvä／ **marjan**-poimintaan「ベリーを摘むことに」［入］＜-poiminta（poiminta＜poimia）／ **liittyviä**「〜に関連するような」能現分［複分］＜liittyä）／ **ettei** = että ei ／ **ei ole syytä** + A不「〜すべき理由はない」

　ベリーやキノコを採集する権利は制限されていない｜国籍や居住地にもとづいて。ベリーやキノコは集めてもよい｜収入を得る目的で。内務省の広範な作業部会は明らかにした｜外国人がベリーを摘むことに関連する問題を。作業部会はみなした｜外国人がベリーを摘む権利を制限しようとする理由はないと。

08 詩で読む Helsinki

街の息遣いを感じる

Suomi

　Helsinkiに関わりのある詩を3つほど見ていくことにする（ただし、私は詩のことなど分からないのだが）。取り上げるのは次の3人の詩人である。

- Arvo Turtiainen（1904-1980）は Helsinki 出身の左派系詩人・翻訳家。
- Eino Leino（1878-1926）は Kainuu 地方出身の詩人、ジャーナリスト。Helsinki 中心にある Esplanadi には彼の銅像が立っている。
- Heikki Niska（1961-）は詩人・作家でもあり、また料理人でもあるとのこと。

　まずは Arvo Turtiainen が故郷である Helsinki を題材に書いた "Kaupunki makasi auringossa"（1962）。鳥になって大空から Helsinki を眺めているような気分になれる詩。街の息遣いが聞こえてくるようで、何か心に響くものがある。次ページの地図も参考に、この詩とともに Helsinki 上空へと飛び立ちたい。

読んでみよう

1. 生まれ故郷に対する想いが感じられる詩

Kaupunki makasi auringossa（Arvo Turtiainen）

Kaupunki makasi auringossa
　pää Tähtitorninmäellä
　jalat Vantaan vesissä Käpylän takana.
Kaupunki vietti kesää
　Lauttasaari toisessa Laajasalo toisessa kainalossa.
Kaupunki haukotteli
　aseman torni heilahti sen navalla, lokit
　ja kyyhkyset lehahtavat lentoon sen kylkiluilta.
Kaupunki sulki silmänsä ja nukahti
　vedet keinuivat, puut puistossa, savupiiput, tornit
　huojuivat hengityksen tahdissa.
Tällaista ei tapahdu enää, tällaista tapahtui
　kun olin poikanen, kun kuuntelin kaupungin hengitystä
　kaupungin kainalossa.　　　　　　　　　　　　【47/231】

45

makasi「横たわっていた」過単3＜maata／**toinen ~ toinen ...**「一方は〜、もう一方は...」／**kainalo**「脇の下」／**haukotella**「あくびをする」／**heilahtaa**「振れる、揺れる」＜heilua／**navalla**「へそで」[接]＜napa／**lehahtaa**「飛び立つ」／**kylkyi-luilta**「あばら骨から」[複奪]＜ -luu／**nukahtaa**「眠りに落ちる」＜nukkua／**keinua**「揺れる」／**huojua**「揺れる」／**hengitys**「呼吸」＜hengittää＜henki／**tahti**「ペース、リズム、テンポ」／**poikanen**「小さな少年」(-nenは「小さい」という意味を表す接辞)

詩に出てくる地名について簡単に確認しておく。

- **Tähti-tornin-mäki**：Helsinki南港近くのKaivopuistoの北側にある丘で、天文台 (tähtitorni) がある。ただし、Tähtitorninmäkiは公式の名称としては存在しないとのこと。
- **Vantaa**：Helsinki中心部から15キロほど北にある都市で、Helsinki空港がある。Vantaaはそもそも川の名前。
- **Käpylä**：Helsinki中心から北へ約5キロ、Puu-Käpyläと呼ばれる住宅群が有名。
- **Lautta-saari**：Helsinki中心部から西に約3キロのところに位置する島。
- **Laaja-salo**：Helsinki中心部から東に約3キロのところに位置する島。
- **Helsingin rauta-tie-asema**：Helsinki中心部に位置し、駅舎はEliel Saarinen設計。48.5メートルの時計塔はHelsinkiの目印となっている。

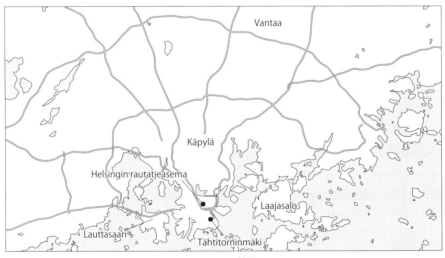

Helsinkiの地図

訳例

街は日を浴びて横たわっていた（Arvo Turtiainen）

街は日を浴びて横たわっていた
　頭は｜Tähtitorninmäki に
　足は Vantaa の水の中に｜Käpylä の向こうの。
街は夏を過ごしていた
　片方の脇に Lauttasaari を、もう片方の脇に Laajasalo を抱えて。
街はあくびをしていた
　駅の塔が揺れ｜街のヘソのあたりで、｜カモメたちや
　鳩たちは飛び立った｜そのあばら骨から。
街は目を閉じうたた寝をした
　水が揺れ、公園の木々、煙突たち、塔たちは
　揺らめいていた｜寝息に合わせて。
こんなことはもう起こりはしない、こんなことが起こったのは
　私が小さな少年だったころ、私が街の息吹に耳を傾けていたころのことだ
　街のふところに抱かれながら。

　次に Eino Leino が冬の Helsinki を題材に書いた詩 "Helsinki helmilöissä" を読んでみる。Kainuu 地方出身のせいか、現在の標準語とは異なる点もあり少し難しいが、味わいのある詩。

読んでみよう

2. フィンランドの冬は神様の贈り物？
Helsinki helmilöissä（Eino Leino）
Kuulkaa Luonnotarten kuiskausta,
nähkää Suomen talven suuri taika!
Koko Helsinki on helmilöissä,
puistot kaikki kuurakaunehissa,
kaasut palaa, sähkölamput loistaa,
esplanaadi on kuin taikalinna,
peikkoin palatsi ja vuoren hovi,
jossa Hiiden neien häitä juodaan.
……
Kiitos unhoitus, sa Luojan lahja,
kiitos sulle, Suomen suuri talvi.

【48/231】

Luonnotarten「自然の女神たちの」[複属]＜Luonnotar（luonto「自然」という語に女性を表す接辞である-tarがついた形）／**kuiskaus**「ささやき」＜kuiskata／**helmilöissä** は helmi「真珠、きれいな玉」の方言における[複内]（= helmissä）／**kuura**「霜」／**kaunehissa** は kaunis「美しい」の方言における[複内]（= kauneissa）／**kaasu**「ガス、ガス灯（kaasu-lamppu）」／**esplanaadi =** **esplanadi**「エスプラナディ」／**peikkoin**「妖精たちの」は peikko の[複属]（= peikkojen）／**palatsi**「宮殿」／**hovi**「宮廷」／**Hiiden**＜Hiisi「フィンランドの古代信仰における神聖な木立、捧げ物をする場所、あるいはその精霊」／**neien** は neiti の方言における[属]（標準語では neidin）／**unhoitus**「忘却」／**sa**（詩語）= sinä／**Luoja**「創造主」＜luoda

真珠に包まれた Helsinki（Eino Leino）
耳を澄ましてみてください | 自然の女神のささやきに、
目にしてみてください | フィンランドの冬の偉大な魔法を！
Helsinki 全体は真珠に包まれている、
公園はすべて霜の美しさに覆われている、
ガス灯は燃え、電灯は輝いている。
エスプラナディはまるで魔法のお城のようだ,
妖精たちの宮殿、そして山の宮廷,
そこではヒーシの娘の結婚式を祝って飲む。
……
ありがとう | 忘却よ、あなたは神からの贈り物、
ありがとう | あなたに、フィンランドの偉大な冬。

　　最後は趣向を変えて、Heikki Niska の愉快な詩 ”Jäänmurtajan uni” を楽しんでみる。残念ながらフィンランド語のリズムや韻を日本語で再現することはできないのだが。詩はどれでもそうだが、声に出して読んでみるとよい（そうだ）。まずは大きな声で読んでみよう。

3. 何となく愉快な気持ちになる詩を
Jäänmurtajan uni（Heikki Niska）
Kun Katajanokalla sataa lunta,
viluinen jäänmurtaja näkee unta.
Se ei ole enää Sisu,

vaan pikkuinen kisu.
Se kehrää tulen loimussa,
peikon poppanan poimussa. 【49/231】

単語・表現

jään-murtaja「砕氷船」／**Kataja-nokka** は Helsinki の東海岸の地区で Viking line のターミナルがあるほか、フィンランド最大の正教大聖堂 Uspenskin katedraali「ウスペンスキー大聖堂」がある。／**viluinen**「凍えた、寒さを感じた」／**Sisu** は砕氷船の名前（sisu については 64-69 ページを参照）／**kisu**「猫ちゃん」＜ kissa ／**kehrätä**「糸車で糸をよる；糸車のような音を出す、猫が喉を鳴らす」／**loimu**「炎」／**poppana**「ポッパナ織（もともとカレリア地方発祥の織物でテーブルクロスや壁掛けなどとして、あるいは衣服の材料としても使われる）」／**poimu**「布などのしわ、襞（ひだ）」

訳例

砕氷船の夢（Heikki Niska）

Katajanokka で雪が降るとき、
凍えた砕氷船は夢を見る。
それはもはやシスではない、
小さな猫ちゃんだ。
それは喉を鳴らす、燃える炎の中で、
妖精のポッパナ織の襞の中で。

● ［「砕氷船（jäänmurtaja）」の絵文字。
解説によれば世界の砕氷船のうち
3分の2以上がフィンランド製］
this is Finland
https://finland.fi/emoji/

北極圏ではストレスとは無縁？

冬のフィンランドといえば「オーロラ」。revontulet「オーロラ」はそのまま訳せば「キツネの火」。そんなオーロラと北極圏について読んでいく。

読んでみよう

1. kaamos「極夜」―太陽の昇らない季節

Talvipäivänseisauksen (22.12.) aikaan päivä on lyhimmillään. Pohjoisimmassa Suomessa vallitsee kaamos. Aurinko ei näyttäydy pariin kuukauteen. Etelässä lyhin talvinen päivä on kuuden tunnin mittainen.【50/231】

単語・表現

talvi-päivän-seisaus「冬至」⇔ **kesä-päivän-seisaus**「夏至」／**lyhimmillään**「もっとも短い状態で」最［複接］＋単3所接＜lyhyt／**pohjoisimmassa**「もっとも北の」最［内］＜pohjoinen／**vallita**「支配する」／**kaamos**「極夜（太陽が沈んだ状態が続く期間）」／**ei näyttäydy**「姿を見せない」＜näyttäytyä／**mittainen**「～の長さの」

訳例

冬至（12月22日）の時期には日はもっとも短い。もっとも北のフィンランドでは｜支配的となる｜極夜が。太陽は2ヶ月ほど現れない。南では、もっとも短い冬の昼間は6時間の長さである。

kaamosというフィンランド語はサーミ語のskábmaを借用したもので、さらにサーミ語の単語はノルウェー語のskamtidを借用したもの。フィンランド語のkaamosは1900年代前半に使われるようになったとのこと。kaamos-masennus「暗い季節に気分が落ち込むこと」やkaamos-rasitus「暗い季節の疲労感」といった語もよく使われる。

読んでみよう

2.「オーロラ」は「キツネの火」、その由来は？

Vanhojen uskomusten mukaan revontulet syntyvät, kun kettu juoksee kovalla pakkasella tuntureilla. Se huiskii hännällään lumikinoksia niin, että kipinät sinkoilevat. Näistä vanhoista tarinoista juontaa myös valoilmiön nimi, revontulet.【51/231】

単語・表現

uskomusten「言い伝えの」[複属]＜uskomus＜uskoa／**huiskia**「はらう、弾き飛ばす」／**hännällään**「自分の尾で」[接]＋単3所接＜häntä／**kinos**「雪の吹き溜まり」／**kipinä**「火花」／**sinkoilla**「はじける」＜singota／**juontaa**「〜にさかのぼる、〜に起源がある」[＋[出]]／**ilmiö**「現象」

訳例

　古い言い伝えによればオーロラは生まれる、｜[キツネが走るときに｜ひどく寒い中で｜丘陵を]。[キツネは弾き飛ばす｜自分の尻尾で｜雪の吹き溜まりを]、｜そのため火花が散る。こういう古い話に由来する｜また光の現象の名前であるrevontuletも。

　現在のフィンランド語で「キツネ」はkettuだが、同じ意味をもつrepoは非常に古い語であるそうだ。ここに書かれているようにキツネが雪を弾くときに生まれた火花が「オーロラ」なので「キツネの火」と呼ばれている（revon-tuletと複数形で使われる）。

●[「オーロラ」を表す絵文字。
どの絵文字もネットでぜひGIF動画を見てみよう]
this is Finland
https://finland.fi/emoji/

読んでみよう

3.「キツネの火」には科学的根拠がある
Pohjois- ja Itä-Suomen kansanperinteessä tulikettu eli tulirepo tai tulikko oli myyttinen eläin, jokaisen metsästäjän salainen toive. Tuliketun kaatajalle oli luvassa rikkautta ja kuuluisuutta. Uskottiin, että kettu aiheuttaa valoilmiön sen kylkien koskettaessa puihin tai hännän sipaistaessa lumihankea. Käsitys on ymmärrettävä, koska turkikset varaavat helposti staattista sähköä ja kipunoivat kuivalla ilmalla, jos niitä koskettaa. 【52/231】

kansan-perinne「民間伝承」／ **tuli-kettu = tuli-repo = tulikko**「火のキツネ」／ **myyttinen**「神話の」／ **salainen**「秘密の」／ **kaataja**「倒す人」＜kaataa／ **luvassa**「約束されて」[内]＜lupa／ **kuuluisuutta**「名声が」[分]＜ kuuluisuus ＜ kuuluisa／ **kylkien**「脇腹の」[複属]＜kylki／ **koskettaessa**「触れるときに」e不[内]〔時構〕＜koskettaa／ **sipaistaessa**「弾くときに」e不[内]〔時構〕＜sipaista／ **hanki**「積雪、吹き溜まり」／ **käsitys**「理解」＜käsittää＜käsi／ **ymmärrettävä**「理解できるような」受現分＜ymmärtää／ **turkis**「毛皮」＜turkki／ **varata**「蓄える」＜vara／ **staattinen**「静的な」／ **kipunoida = kipinöidä**「火花を出す」＜kipinä

　北部、そして東部フィンランドの民間伝承では「火のキツネ」は神話上の動物で、｜すべての猟師のひそかな望みだった（ひそかに仕留めたいと思っていた）。火のキツネを倒した者には約束されていた｜富と名声が。信じられていた、｜［キツネが光の現象を起こすのだと｜その脇腹が木に触れるときに｜あるいは尻尾が雪の吹き溜まりを弾くときに］。そういう考えは理解できるものだ、｜なぜなら毛皮は容易に静電気を蓄える｜そして乾いた空気の中では火花を散らすから、｜もしそれら（毛皮）に触れると。

4. 北極線とは―その北側では完全な白夜と極夜が

Pohjoinen napapiiri on maapallon leveyspiiri, joka kulkee 66°33′45.9″ päiväntasaajasta pohjoiseen. Se on eteläisin leveyspiiri, jossa aurinko pysyy 24 tuntia horisontin yllä tai alla – näitä ilmiöitä kutsutaan keskiyön auringoksi kesällä ja kaamokseksi talvella.　　　　　【53/231】

napa-piiri「極線」／ **leveys-piiri**「緯線（緯度を示す線）」⇒ **leveys-aste**「緯度」⇔ **pituus-piiri**「経線」、**pituus-aste**「経度」／ **kulkea**「行き来する、走る」／ **päivän-tasaaja**「赤道」／ **eteläisin**「もっとも南の」最＜eteläinen＜etelä／ **horisontti**「地平線、水平線」／ **keskiyön aurinko = yötön yö**「白夜」

　北極線は地球の緯度だ、｜それは赤道から北へ66度33分45.9秒のところを通る。それはもっとも南の緯度だ、｜そこでは太陽が24時間地平線の上あるいは下にとどまるような｜―そのような現象は呼ばれる｜夏には「真夜中の太陽（白夜）」と｜冬には「極夜」と。

5. Rovaniemiで北極線を越えずにいることはまず不可能

Rovaniemellä on lähes mahdotonta olla ylittämättä pohjoista napapiiriä. Useimmat tekevät sen Joulupukin Pajakylässä, missä se on selkeästi merkitty ja napapiirin ylitystodistuksiakin tarjolla. Suuri osa safareista ja muista aktiviteeteista kulkee napapiirin poikki, joten sen ylittäminen moottorikelkalla, pororeessä tai koiravaljakolla on tavanomaista.【54/231】

単語・表現

mahdoton「不可能な」／**ylittämättä**「越えずに」MA不［欠］＜ylittää／**Joulu-pukin Paja-kylä**「サンタクロース村」（paja「作業場」）／**missä**「そこでは」［内］＜［関代］mikä／**ylitys**「越えること、越境」＜ylittää／**todistus**「証明」＜todistaa／**tarjolla**「売られて」／**aktiviteetti**「活動、アクティビティ」／**moottori-kelkka**「スノーモービル」／**poro-reki**「トナカイ橇」／**koira-valjakko**「犬橇」／**tavan-omainen**「ふつうの、よくあるような」

訳例

Rovaniemiではほぼ不可能だ｜越えずにいることは｜北極線を。ほとんどの人はそれ（北極線を越えること）を行う｜サンタクロース村で、｜そこではそれ（北極線）は明確に印をつけられている｜そして北極線の越境証明書も売られている。［大部分は｜サファリやそのほかのアクティビティのうちの］｜北極線を横断する、｜そのため、［それを越えることは｜スノーモービルで、トナカイ橇で、あるいは犬橇で］｜ふつうのことだ。

6. 北極線は越えるだけではない、下をくぐることだってできる。

Tiesitkö, että Santa Park on maailman ainoa paikka, jossa Napapiirin voi alittaa? Astu siis sisään Jääprinsessan valtakuntaan ja tunne, miten Napapiirin viima toivottaa sinut tervetulleeksi! Innokkaimmat voivat myös ostaa alitustodistuksen Jääprinsessalta.【55/231】

単語・表現

alittaa「下を通る」⇔ ylittää／**Jää-prinsessa**「氷の王女」／**valta-kunta**「国家」／**viima**「冷風」／**toivottaa tervetulleeksi**「歓迎する」（tervetulleeksi［変］＜tervetullut）／**innokkaimmat**「もっとも熱心な人々は」最［複主］＜innokas／**alitus**「下を通ること」＜alittaa

　知っているか｜サンタパークは世界で唯一の場所だと、｜そこでは北極線の下を越えられる。足を踏み入れなさい｜つまり氷の王女の国へ｜そして感じなさい、｜いかに北極圏の冷たい風があなたを歓迎するのかを。もっとも夢中になった人々は買うこともできる｜下を通過した証明書を｜氷の王女から。

- ［「白夜」を表す絵文字―太陽も月も顔を見せている］
  this is Finland
  https://finland.fi/emoji/

- ［「極夜」を表す絵文字
  ―姿を見せない太陽を表現するのは難しい］
  this is Finland
  https://finland.fi/emoji/

読んでみよう

7. 北極線を越えるとストレスは消えるのか？

Moni pitää pohjoista napapiiriä kiireen ja stressin rajana, jonka pohjois-puolelle kyseiset ilmiöt eivät kuulu. Rovaniemellä väittämä saa tukea vain muutama kilometri napapiiriltä pohjoiseen Napapiirin retkeilyalueella, jossa kaunis arktinen luonto vakuuttaa rauhallisuudellaan.　【56/231】

pitää「みなす」[+［分］+［様］]／**kiireen ja stressin rajana**「慌ただしさとストレスの境界だと」／**kyseinen**「問題となっている、該当の」／**kuulua**「聞こえる、知られる」／**väittämä**「主張、意見」＜väittää／**saada tukea**「支援を受ける、裏づけを得る」／**retkeily**「ハイキング、トレッキング」＜retkeillä＜retki／**arktinen**「北極の」⇔antarktinen／**vakuuttaa**「確信させる」／**rauhallisuudellaan**「その静寂により」[接]+単3所接＜rauhallisuus＜rauhallinen

　多くの人々はみなす｜北極線を慌ただしさとストレスの境界線だと、｜その北側には問題の現象（慌ただしさとストレス）は見られない。Rovaniemiでは、そのような主張は裏づけられる｜北極線からわずか数キロ北にある「北極圏ハイキングエリア」で、｜そこでは、美しい北極圏の自然が（慌ただしさもストレスもないことを）確信させてくれる｜その静寂によって。

8.「火のキツネ」についての情報は気象庁のホームページで
Tuoreita havaintoja revontulista ja maan magneettisuudesta löytyy Ilma-tieteen laitoksen avaruussääpalvelusta Auroras Now -nettisivuilta, aurora-snow.fmi.fi/public_service/. Sivustolta voi tilata myös revontulihälytyksen tulikettujen ajantasaiseen tarkkailuun.　　　　　　　　　　【57/231】

tuoreita「最新の」[複分]＜tuore／**havaintoja**「観測（結果）」[複分]＜havainto＜havaita／**magneettisuudesta**「磁力について」[出]＜magneettisuus／**Ilma-tieteen laitos**「フィンランド気象協会」／**avaruus-sää-palvelu**「宇宙天気サービス」／**netti-sivu**「ホームページ」／**sivusto**「ウェブサイト」＜sivu／**revon-tuli-hälytys**「オーロラ・アラート」／**ajan-tasainen**「最新の」／**tarkkailuun**「観測のために」[入]＜tarkkailu＜tarkkailla

　[最新の観測結果は｜オーロラや地球の磁力についての]｜見つかる｜フィンランド気象協会の宇宙天気サービスであるAuroras Nowのホームページで（aurora.fmi.fi/public_service/）。ウェブサイトからは予約できる｜またオーロラ・アラートを｜「火のキツネたちの」最新の観測のために。

10 図書館は誰のためにあるのか Suomi

Helsinki中央駅のすぐそばに2018年12月に開館した中図書館Oodi（スウェーデン語名Ode）。Oodiのホームページには次のような記述がある。

読んでみよう

1. Oodiは公共都市空間を提供する

a. Oodi täydentää Musiikkitalon, Finlandia-talon, Sanomatalon ja Nykytaiteen museo Kiasman muodostamaa kulttuuri- ja mediakeskittymää. Se tarjoaa kaikille avoimen, ei-kaupallisen julkisen kaupunkitilan aivan Eduskuntataloa vastapäätä.

b. Oodi on huomiota herättävä rakennus lasi- ja teräsrakenteineen sekä puujulkisivuineen, ja sen muotokielessä yhdistyvät niin perinteet kuin modernismikin. Energiatehokas kirjasto on näyttävä suomalaisen rakentamisen käyntikortti. 【58/231】

単語・表現

täydentää「補う」＜täysi／**muodostamaa**「形成するような」動分［分］＜muodostaa＜muoto／**keskittymä**「集中、集積」＜keskittyä／**ei-kaupallinen**「非商業的な」／**julkinen**「公共の」／**edus-kunta**「国会」／**vasta-päätä**「向かい側に」／**huomio**「注目」／**herättävä**「目覚めさせるような」能現分＜herättää＜herätä／**rakenteineen**「構造とともに」［共］＋単3所接＜rakenne／**puu-julki-sivuineen**「木造の正面の外観とともに」［共］＋単3所接＜puu-julki-sivu（julki-sivu「建築の正面の外観、ファサード」）／**muoto-kieli**「形状言語、デザイン」／**yhdistyä**「結びつく」＜yhdistää＜yksi／**tehokas**「効率のよい」＜teho／**näyttävä**「見た目のよい、壮観な、注目すべき」＜näyttää／**käynti-kortti**「名刺」

訳例

a. Oodiは補完する｜Musiikitalo、Finlandia-talo、Sanomatalo、そして現代美術館Kiasmaが形成する文化・メディアの集積地を。それはすべての人に提供する｜開かれた、非商業的な公共の都市空間を｜国会議事堂の真向かいで。

b. Oodiは注目を呼び覚ます建築物だ｜［ガラスと鉄骨の構造体とともに｜そして木造の外観とともに］、｜そして、そのデザインの中では結びつく｜伝統と現代性（モダニズム）とが。エネルギー効率の高い図書館はフィンランド建築の壮観な名刺（代わり）である。

読んでみよう

2. こういうことを考えながら設計するんだな

Oodi on yksi Helsingin, tai Pohjoismaiden, vapaimmista rakennuksista, missä käyttäjä voi tehdä monia asioita ja ottaa itse aloitteen siitä, mitä tekee. Se on helsinkiläisten ja täällä vierailevien yhteinen oppiva, kehittyvä työkalu.　　　　　　　　　　　　　　　　　　　　　　　　　　【59/231】

単語・表現

この文章はOodiの設計を担当した建築事務所ALAのAntti Nousjokiさんの言葉／**Pohjois-maiden**「北欧諸国の」[複属]＜-maa／**vapaimmista**「もっとも自由な」最[複出]＜vapaa／**ottaa aloite**「イニシアチブを取る、主導権を握る」(aloite＜aloittaa)／**siitä, mitä tekee**「何をするのかについて」(siitä[出]＜se)／**vierailevien**「訪れる人々の」能現分[複属]＜vierailla／**yhteinen**「共通の」／**oppiva**「学ぶような」能現分＜oppia／**kehittyvä**「成長するような」能現分＜kehittyä／**työ-kalu**「道具」

訳例

　Oodiは［ひとつである｜Helsinki、あるいは北欧諸国のもっとも自由な建築物のうちの］｜そこでは利用者は多くのことができる｜そして、［自分で主導権をとることができる｜何をやるかについて］。それはHelsinkiの人々と、ここを訪れる人々の共通の学びと成長する道具である。

- ［Oodi図書館の斬新な外観］
https://fi.wikipedia.org/wiki/Helsingin_keskustakirjasto_Oodi

3. 文化を大切にするフィンランド―「1パーセント原則」

Töölönlahdelle nousseen keskustakirjasto Oodin kohdalla on käytetty niin sanottua prosenttiperiaatetta, eli osa rakennuskuluista on käytetty taide-hankintoihin. Summaksi on rajattu satatuhatta euroa. 【60/231】

nousseen「立ち上がった」能過分［属］＜ nousta ／ **kohdalla**「～において」［接］＜ kohta ／ **on käytetty**「使われている」受完＜ käyttää ／ **niin sanottu**「いわゆる」／ **prosentti-periaate**「1 パーセント原則」（公共建築の建設費用の少なくとも1パーセントを芸術に使おうとする原則）／ **rakennus-kuluista**「建設費用のうち」(-kuluista［複出］＜ -kulu) ／ **hankintoihin**「入手へ」［複入］＜ hankinta ＜ hankkia ／ **summaksi**「合計として」［変］＜ summa ／ **on rajattu**「制限されている」受完＜ rajata ＜ raja

　Töölö 湾に現れた中央図書館 Oodi においては｜適用されている｜いわゆる「1パーセント原則」が、｜つまり建設費用の一部は使われている｜芸術作品の購入に。金額としては制限されている｜100,000 ユーロに。

4. Oodi の階段にはたくさんの「献辞」が

Omistuskirjoitus on kuvataiteilija Otto Karvosen toteuttama julkinen taideteos Helsingin keskustakirjasto Oodiin. Teos sijoittuu kirjaston yleisö-portaisiin, jotka kiertyvät läpi koko rakennuksen, katutasosta aina ylimpään kerrokseen. Teos koostuu eri ihmisryhmille osoitetuista omis-tuskirjoituksista, jotka on maalattu portaikon seinämiin. 【61/231】

omistus-kirjoitus「献辞」(omistaa「所有する；捧げる」) ／ **toteuttama**「実現したような」動分＜ toteuttaa ＜ tosi ／ **yleisö-portaat**「一般の人々が使う階段」／ **kiertyä**「回る、巻く」＜ kiertää ／ **ylimpään**「一番上の」［入］＜ ylin ／ **koostua**「構成される」［＋出］／ **osoitetuista**「向けられた」受過分［複出］＜ osoittaa ／ **portaikko** ＝ portaat「階段」／ **seinämä**「壁（のような部分）」＜ seinä

58

訳例

「献辞」は視覚芸術家Otto Karvonenが創りあげた公共芸術作品である｜Heslsinkiの中央図書館Oodiのために。作品は［位置している／図書館の来館者用階段に］、｜その階段は建物全体を螺旋状に伸びている、｜路面から最上階まで。作品は構成されている｜さまざまな人間集団に向けられた献辞により、｜それらは階段の壁に描かれている。

補足

図書館の1階から最上階まで続く螺旋状の階段の壁には、この図書館がどのような人々に捧げられるのかを示す「献辞」が描かれている。Oodiのサイトで実物を見るのが一番だ（どんな献辞があるのか日本語でも見られるのは＜ https://www.oodihelsinki.fi/omistuskirjoitus/ ＞）。

この作品の制作途中の写真に'misogyyneille'「女性蔑視者たちへ」という語が写っており大騒ぎに。Karvonenはこの語は削除するつもりだったのだが、制作中の写真が報道されてしまった。完成した作品の中には、たとえばeksyneille「迷った人々へ」（能過去［複向］＜ eksyä）、muukalaisille「よそ者たちへ」（［複向］＜ muukalainen）、sorretuille「虐げられた人々へ」（受過分［複向］＜ sortaa）、unissakävelijöille「夢遊病者たちへ」（unissa［複内］＜ uni, kävelijä「歩く人」＜ kävellä）、unohdetuille「忘れられた者たちへ」（受過分［複向］＜ unohtaa）などの語が見つかる。

もちろんkaikille「すべての人へ」という語も見つかるし、sinulle「あなたへ」という語も見つかる。このsinulleは、本書を読んでくださっている「あなた」にも向けられているのだと思う。

読んでみよう

5. 図書館は人権が保障される場所、ということは民主主義の土台？

Otto Karvosen teos on omistuskirjoitus kirjaston kävijöille – ja kaikille niillekin, jotka eivät käy kirjastossa. Teokseen kerättiin omistuskirjoituksia julkisella kampanjalla, jossa kuka tahansa sai ehdottaa, kenelle kirjasto tulisi omistaa. Teos muistuttaa, että kirjasto kuuluu aidosti kaikille, riippumatta syntyperästä, iästä, varallisuudesta tai mistään muustakaan seikasta. Kirjasto toimii sen hyväksi, että perustavat ihmisoikeudet, kuten oikeus tietoon ja sananvapaus toteutuvat kaikille yhtäläisinä.　　　【62/231】

単語・表現

kävijöille「訪問者たちへ」［複向］＜ kävijä ＜ käydä ／ **niille**［向］＜ ne (ne, jotka ~「～する人々」) ／ **kuka tahansa**「誰でも」／ **tulisi**「～すべきだ」［条］現単3＜ tulla ／ **muistuttaa**「思い出させる、似ている」＜ muistua ／ **varallisuus**「財産、裕福さ」＜ varallinen ＜ vara ／ **sen hyväksi, että ~**「～のために」／ **perustava**「基本的な」能現分＜ perustaa ／ **yhtäläinen**「平等な、同等な」

　Otto Karvonenの作品は献辞だ｜図書館を訪れる人々への｜―そして図書館を訪れないすべて
の人々へも（向けられた献辞だ）。作品のために献辞が集められた｜公のキャンペーンにより、｜そ
こでは誰でも提案できた、｜誰に図書館は捧げられるべきか。作品は思い出させる｜図書館が本
当にすべての人のものだということを｜生まれ、年齢、経済的豊かさ、あるいは、どんなほかの
事柄にもかかわりなく。図書館は（että以下のことの）ために活動する、｜［基本的人権が、｜た
とえば情報に対する権利や表現の自由のような｜実現するために｜すべての人々に対して平等に］。

6. ほかの場所では歓迎されない人たちも図書館では大歓迎？

Karvosen mukaan kansalaisten lähettämiä ehdotuksia tuli noin 600 kap-
paletta, minkä takia myös karsintatyötä oli tehtävä. Kaikki selkeästi louk-
kaavat termit ruksittiin pois listalta. ……
Karvonen korostaa, että sanoissa on tarkoitus tuoda esille kirjaston ydin-
ajatusta kaikille yhteisenä tilana.
– Kirjastoon ovat aina olleet tervetulleita myös sellaiset ihmiset, joita ei
　ehkä muualle toivota. Halusin teoksellani myös kartoittaa, että keitä
　kaikkia tähän voisi sisältyä.
Vaikka sanoja on seinässä 400, on Karvonen silti sitä mieltä, että lista jää
vajaaksi.　　　　　　　　　　　　　　　　　　　　　　　　　　　　【63/231】

lähettämiä「送った」動分［複分］＜lähettää／**ehdotus**「提案」＜ehdottaa／**minkä takia**「そ
のために」(minkä［属］＜［関代］mikä)／**karsinta**「予選、選考」＜karsia／**tehtävä** 受現分＜
tehdä(on＋受現分「しなければならない」)／**loukkaavat**「傷つけるような」能現分［複主］＜
loukata／**ruksittiin**「チェックされた」受過＜ruksia＝kruksia「チェックする」／**tuoda esille**「明
らかにする、表明する」／**ydin**「核」／**kartoittaa**「地図を作る、調べる、明らかにする」＜
kartta／**olla sitä mieltä, että ~**「～という考えである」／**vajaa**「不完全な」

　Karvonenによれば、市民が送った提案は約600件届いた、｜そのためにまた選考作業をしな
ければならなかった。すべての、明らかに人を傷つけるような用語はリストからはずされた。
……
Karvonenは強調する｜［（献辞の）言葉の中で提示することが目的だと｜図書館の核となる考えを

｜すべての人にとっての共有の空間としての]。

―図書館へはいつでも歓迎されてきた｜［（次のような）人々も、｜その人々はおそらくほかの場所へは歓迎されない]。私は自分の作品によりまた明確にしたかった、｜どんな人々すべてがここに含まれうるのかを。

単語は壁に400あるが、Karvonenはそれでも［（次のような）考えである｜リストは不十分なままになっているという]。

読んでみよう

7. Oodi図書館は現代美術も堪能できる場所

Keskustakirjasto Oodissa vierailija voi ihailla pehmeästi virtaavan arkkitehtuurin rinnalla nykytaiteen teoksia. Taiteen tehtävä ei ole toimia ainoastaan koristeena, vaan taideteokset voivat myös pistää aivot raksuttamaan. Taiteen merkitykset elävät dialogissa ympäristönsä ja yleisön kanssa. Tutustu Oodin kiehtoviin taideteoksiin! 【64/231】

単語・表現

vierailija「訪問者」＜ vierailla ／ **ihailla**「称賛する」／ **virtaavan**「流れるような」能現分［属]＜ virrata ＜ virta ／ **rinnalla**「〜と並んで」／ **teoksia**「作品を」［複分]＜ teos ／ **koriste**「飾り、装飾品」／ **pistää** ＋ MA不［入]「させる」／ **aivot**「脳を」［複主対]＜ aivo ／ **raksuttamaan** MA［入]＜ raksuttaa「カチカチ音を立てる；（素早く）動く」／ **dialogi**「対話」／ **ympäristönsä**「自分の環境の」［属]＋単3所接＜ ympäristö ／ **yleisö**「大衆、公衆」／ **tutustu**「親しみなさい」［命]単2＜ tutustua ／ **kiehtoviin**「魅力的な」能現分［複入]＜ kiehtoa

訳例

　中央図書館Oodiでは訪れる人たちは鑑賞できる｜柔らかく流れるような建築と並んで｜現代美術の作品を。芸術の役割は［機能することではない｜ただ飾りとして]｜そうではなく芸術作品はまた脳を刺激して動かすこともできる。芸術の意味は生きている｜［対話のなかに｜その環境や大衆との]。親しんでください｜Oodiの魅力的な作品に！

第2部

知る

● 11 フィンランドの「3つのS」
まずは sisu から

Suomi

フィンランドについて語るときにしばしば登場する「3つのS」とは。

読んでみよう

1. フィンランドらしさを表す「3つのS」、それはsisu、sauna、Sibelius !

Suomalaisuutta on tapana kuvata lennokkaalla iskulauseella"sisu, sauna ja Sibelius". Sisu ja sisukkuus on perinnäisesti liitetty korvenraivaajiin, sotilaisiin ja urheilijoihin – kansallissankareihin. Mutta sisukkaaksi voi sanoa myös vaikkapa kiloista keskosvauvaa, joka selviää elämään. 【65/231】

単語・表現

lennokas「生き生きとした」＜lento＜lentää／**isku-lause**「キャッチフレーズ、うたい文句」／**sisukkuus**「sisuに満ちあふれていること」＜sisukas＜sisu／**on liietty**「結びつけられてきた」受完＜liittää／**perinnäinen**「伝統的な」／**korven-raivaaja**「開拓者」(korpi「荒れ地」、raivaaja＜raivata)／**sisukkaaksi**「sisuに満ち溢れていると」[変]＜sisukas＜sisu／**vaikkapa**「たとえば」／**keskos-vauva**「未熟児」／**selvitä**「乗り切る、生き残る」

訳例

　フィンランドらしさは表現するのが常だ｜生き生きとした(次の)うたい文句で｜「sisu, sauna, Sibelius」という。sisuやsisuに満ち溢れていることは伝統的に結びつけられてきた｜開拓者、兵士、そしてスポーツ選手に｜―(つまり)国民的英雄に。しかし、「sisuに満ち溢れている」と言うことができる｜たとえば体重が1キロの未熟児のことも、｜その子が生き残ることができれば。

読んでみよう

2. sisuは日本語には訳せないが、まあ「フィンランド人魂」？

Miten suomalaisen sisun voisi määritellä? Vaikkapa näin: se on sinnikkyyttä, sitkeää tahdonvoimaa, hellittämätöntä tarmoa, lannistumattomuutta, peräänantamattomuutta, uskallusta, rohkeutta.
Sisu voi kuitenkin tarkoittaa myös hyvin toisenlaista luonteenlaatua. Kun esimerkiksi lapselta "otetaan sisu pois", hänen kiukuttelunsa lopetetaan, hänen kiivas luontonsa lannistetaan. 【66/231】

単語・表現

määritellä「定義する」／ **sinnikkyys**「忍耐強さ」＜ sinnikäs ／ **sitkeä**「粘り強い」／ **tahdon-voima**「意志の力」／ **hellittämätön**「あきらめることのない」否分＜ hellittää ／ **tarmo**「活力」／ **lannistumattomuus**「不屈さ」＜ lannistumaton ＜ lannistua ／ **perään-antamattomuus**「屈服しないこと」＜ perään-antamaton 否分＜ antaa perään「屈服する」／ **uskallus**「大胆さ」／ **rohkeus**「勇気」／ **toisen-lainen**「別の種類の」／ **luonteen-laatu**「性質、気性」／ **kiukuttelu**「癇癪を起こすこと」＜ kiukutella ／ **lopetetaan**「終わらせる」受現 ＜ lopettaa ／ **kiivas**「激しい」／ **lannistetaan**「抑え込む」受現＜ lannistaa ／ **luontonsa**「(生まれつきの)性質を」[主対] ＋単3所接＜ luonto

訳例

　どのようにフィンランドの sisu を定義できるだろうか。たとえばこんなふうに：それは忍耐強さ、粘り強い意志の力、あきらめることのない気力、不屈さ、頑強さ、大胆さ、勇敢さである。
　sisu はしかしながらまた意味しうる｜非常に異なる性質をも。たとえば、子どもから「sisu を取り除く」と言うときには、｜その子どもの癇癪を終わらせ、子どもの激しい性格を抑えるということだ。

読んでみよう

3. sisu の語源は sisä「内」にある

Sana sisu on johdos sanasta sisä. Murteissa sisu tarkoittaakin sisäosaa. Varsinais-Suomessa ja Satakunnassa sisälmysten, sisäelinten nimitys on sisukalut tai sisukunta. Sisurikkoinen ihminen on sellainen, jolla on huono ruoansulatus: viallinen vatsa tai suolisto.　　　　　【67/231】

単語・表現

johdos「派生語」＜ johtaa ／ **murteissa**「方言において」[複内] ＜ murre ／ **Varsinais-Suomi**「フィンランド南西部(「本来の Suomi」)」／ **sisälmykset**（[複] ＜ sisälmys)＝**sisä-elimet**（[複] ＜ sisä-elin)「内臓」／ **rikkoinen**「壊れた」／ **ruoan-sulatus**「消化」(sulatus ＜ sulattaa ＜ sulaa) ／ **viallinen**「問題のある、故障・欠点のある」＜ vika ／ **suolisto**「腸」＜ suoli

訳例

　sisu という語は派生語だ｜sisä「内」という語からの。方言において sisu は(実際に)意味する｜「内部」を。フィンランド南西部や Satakunta 地方では、「内臓」の名称は sisu-kalut あるいは sisu-kunta という。sisu-rikkoinen「sisu の不調な人」とは消化不良の人のことだ｜：つまり、問題のある胃や腸があるような。

4. 独立百周年のフィンランドが選んだ「フィンランドの単語」はsisu！

Yksi vahvimmista ennakkosuosikeista piti pintansa. Sisu oli myös ehdottajien suosikki.

Kotimaisten kielten keskus（Kotus）on valinnut sisun Suomen sanaksi. Suomen itsenäisyyden juhlavuoden Suomen sana -kilpailussa etsittiin sanaa, joka kuvaa parhaiten satavuotiasta itsenäistä Suomea.

Kaikkiaan ehdotuksia tuli Twitterin ja verkkolomakkeen kautta noin 600. Ehdotettuja sanoja tai ilmauksia oli noin 450.

Kilpailu oli osa Kotuksen Sanoin saavutettu -hanketta. Hanke kuuluu Suomi 100 -juhlavuoden ohjelmistoon. 【68/231】

単語・表現

vahvimmista「もっとも強い」最［複出］＜vahva／**ennako**-「事前の」／**suosikeista**「お気に入りたちのうち」［複出］＜suosikki／**pitää** pintansa「もちこたえる、ふんばる」／**ehdottajien**「提案者たちの」［複属］＜ehdottaja＜ehdottaa／**Kotimaisten kielten keskus**「国内言語センター（通称Kotus）」は教育文化省の下にあり、国語であるフィンランド語とスウェーデン語の言語管理などを役割とし、またサーミ語、手話、ロマニ語に関する言語管理の調整も担当する／**itsenäisyys**「独立」＜itsenäinen／**juhla-vuosi**「記念の年」（フィンランドは2016年に独立百周年を迎えた）／**kuvata**「描く」＜kuva／**parhaiten**「もっともよく」［副］最＜hyvä／**kaikkiaan**「全部で」／**verkko**「ネット」／**lomake**「用紙」／**ehdotettuja**「提案された」受過分［複分］＜ehdottaa／**sanoin**「単語により」［複具］＜sana／**saavutettu**「達成された、成し遂げられた」受過分＜saavuttaa／**ohjelmisto**「プログラム」＜ohjelma

訳例

[一つが｜最強の｜事前の人気者のうち]｜ふんばった。**sisu**はまた提案者たちの人気者だった。

　国内言語センター（Kotus）は選んだ｜sisuを｜「フィンランドの単語」に。フィンランド独立記念の年の「フィンランドの単語」コンテストにおいては探した｜単語を、｜それはもっともよく描き出す｜百歳となる独立フィンランドを。

　合計で提案は来た｜ツイッターやオンラインフォームを通じて｜約600件。提案された単語や表現は約450だった。

　コンテストは一部だった｜国内言語センターの「言葉により達成された」プロジェクトの。そのプロジェクトは含まれている｜「フィンランド100周年」プログラムに。

読んでみよう

5.「Sipilä政権は3つのS政権だ」というジョークは受けたのかどうか？

Sipilä vitsaili, että kaikkien kolmen hallituspuolueen puheenjohtajan sukunimet alkavat ässällä. Kyseessä on Sipilän mukaan siis kolme ässää.

【69/231】

単語・表現

Juha Sipilä（1961-）は実業家であり2015年から2019年まで中央党党首として首相を務めた。国民連合党と真のフィンランド人党との連合政権を率いたが、国民連合党の党首はAlexander Stubb、真のフィンランド人党の党首はTimo Soiniと、3人の党首の姓がSで始まることから自ら「3つのS政権」と名付けた／ **vitsailla**「冗談を言う」< vitsi ／ **hallitus-puolue**「政権政党、与党」／ **puheen-johtaja**「議長、党首」／ **ässällä**「Sで」[接] < ässä

訳例

Sipiläは冗談を言った、｜3つの政権党の議長（党首）全員の姓はSで始まると。問題はSipiläによれば｜つまり「3つのS」なのだ。

読んでみよう

6. Sipilä政権を批判する中で登場した「4つ目のS」の正体は？　【70/231】

Kuuntelija kirjoitti ohjelmamme YleX Etusivun shoutboxissa, että tuntuu kuin kolmen "ässän" jatkeeksi olisi ilmestynyt itse paholainen. Nyt tahdin määräävät Sipilä, Soini, Stubb ja Saatana. Nauroin mielikuvalle ääneen.

単語・表現

YleX Etusivuはラジオ局YleXが若者向けに放送する時事問題を扱う番組／ **shoutbox**「シャウトボックス（チャット掲示板のようなもの）」／ **jatke**「延長、続き」< jatkaa ／ **olisi ilmestynyt**「現れたようだ」[条]完単3 < ilmestyä ／ **paholainen**「悪魔」／ **tahti**「リズム、ペース、テンポ」／ **saatana** = paholainen ／ **mieli-kuva**「イメージ」／ **ääneen**「声を出して」[入] < ääni

訳例

あるリスナーが書いた｜我々の番組「YleX Etusivu」のシャウトボックスに、｜［感じがすると｜まるで3つの「S」の続きとして出現したかのように｜悪魔そのものが］。今は（政治の）ペースを決めるのはSipilä、Soini、Stubb、そしてSaatanaだ。私は笑った｜そのイメージに｜声を出して。

7.「3つのS」政権はいつしか「SOS政権」へ―「助けてー！」

SOS-hallitus (leik.)

Juha Sipilän hallituksen nimitys, joka perustuu nimien Sipilä, Orpo ja Soini alkukirjaimiin. Ässähallituksesta eli kolmen ässän hallituksesta tuli SOS-hallitus Alexander Stubbin väistyttyä kesäkuussa Petteri Orpon tieltä.

【71/231】

SOS-hallitusは2016年の新語の一つ／**leik.**＝**leikillinen, leikillisesti**「遊びの、遊びで」／**alku-kirjain**「頭文字」／**väistyttyä**「退いた後で」受過分［分］〔時構〕＜ väistyä／**Petteri Orpo**は Alexander Stubb に代わって2016年に国民連合党党首となった政治家

SOS政権（冗談めかして）

　Juha Sipilä政権の名称、｜それはもとづく｜Sipilä、Orpo、そしてSoiniの頭文字に。S政権、｜つまり「3つのS」政権は［なった｜SOS政権に］｜Alexander Stubbが退いた後で｜6月にPetteri Orpoの道から（Orpoに道を譲るために）。

- ［sisuを表すemoji―ネットでは
  GIFアニメーションと解説も見られるので必見］
  this is Finland
  https://finland.fi/emoji/

8. フィンランドは絵文字好き？　sisuの絵文字は「灰色の岩をも砕く！」

a. Suomi on julkaissut maailman ensimmäiset valtiolliset emoji-kuvasymbolit.

b. Suomalainen sanonta"Luja tahto vie läpi harmaan kiven"muistuttaa siitä, että riittävällä sisulla ja sitkeällä yrittämisellä voi saada ihmeitä aikaan.

【72/231】

単語・表現

kuva-symboli「アイコン」／ **sanonta**「言い回し」＜ sanoa ／ **yrittämisellä**「試みることにより」
動名［接］＜ yrittää ／ **saada aikaan**（=aikaan-saada）「引き起こす、生み出す」

訳例

a. フィンランドは公表した｜世界で最初の国家としての絵文字アイコンを。

b. フィンランドの言い回し「強い意志は灰色の岩でも通す」は思い出させる｜［十分なsisuと粘り
  強い試みにより｜奇跡を起こすことができるということを］。

読んでみよう

9. 顔文字と絵文字、いったい何が違うのか

Hymiöt ja emojit menevät helposti sekaisin. Hymiöt ovat näppäimistöllä
kirjoitettavia merkkijonoja, joiden merkitys syntyy siitä, että tietyt merkit
näyttävät joltakin ihmiskasvojen osalta. Esimerkiksi kirjain *D* näyttää sivut-
tain katsottuna nauravalta suulta. Emojeita puolestaan ei voi kirjoittaa ta-
vallisella näppäimistöllä, vaan ne ovat pieniä kuvasymboleita, joissa merk-
itys syntyy suoraan kuvaa katsomalla ja tulkitsemalla.　　　　【73/231】

単語・表現

hymiö「顔文字」＜ hymy ／ **mennä sekaisin**「混乱する、ごちゃ混ぜになる」／ **näppäimistö**「キ
ーボード」＜ näppäin ／ **kirjoitettavia**「書かれるような」受現分［複分］＜ kirjoittaa ／ **merkki-
jono**「印の列、文字列」／ **joiden**「それらの」［複属］＜［関代］joka ／ **tietyt**「ある（特定の）」［複
主］＜ tietty ＜ tietää ／ **näyttää**「見える」(＋［奪］) ／ **joltakin**「ある〜、何らかの」［奪］＜ jokin
／ **sivuttain**「横向きに、横から」／ **katsottuna**「見られると」受過分［様］＜ katsoa ／
nauravalta「笑っているような」能現分［奪］＜ nauraa ／ **emojeita**［複分］＜ emoji ／
puolestaan「一方で」／ **katsomalla**「見ることにより」MA不［接］＜ katsoa ／ **tulkitsemalla**「解
釈することにより」MA不［接］＜ tulkita

訳例

　顔文字と絵文字は簡単に混同される。顔文字はキーボードで書かれる文字列であり、それらの
意味は生まれる｜［ある文字が見えることから｜人間の顔の何らかの部分に］。たとえば、Dとい
う字は見える｜横にして見ると｜笑っている口のように。一方で絵文字は書けない｜ふつうのキー
ボードでは｜そうではなく、それらは小さなアイコンである、｜その中では意味は生まれる｜直接
絵を見ることにより｜そして解釈することにより。

12 ユネスコ人類の無形文化遺産

フィンランドと言ったらサウナ

 Suomi

2020年にユネスコ人類の無形文化遺産に登録されたフィンランド・サウナ。さて、フィンランド人にとってサウナとは。

読んでみよう

1. 2020年にフィンランドのサウナはユネスコの無形文化遺産に登録
Suomalainen saunaperinne nimettiin Unescon aineettoman kulttuuriperinnön luetteloon 17.12.2020 järjestetyssä hallitustenvälisen komitean kokouksessa. Museovirasto sitoutuu Suomen valtion valtuuttamana yhdessä suomalaisten saunayhteisöjen sekä saunakulttuuria edistävien toimijoiden kanssa vaalimaan omaperäisen, suomalaisen saunaperinteen jatkuvuutta ja nostamaan esille sen merkityksellisyyttä osana tapakulttuuria ja hyvinvointia. 【74/231】

単語・表現

nimettiin「登録された」受過＜ nimetä ／ **aineeton**「無形の、非物質的な」＜aine ／ **kulttuuri-perintö**「文化遺産」／ **luettelo**「リスト」＜luetella ／ **järjestetyssä**「催された」受過分［内］＜järjestää ／ **hallitusten-välinen**「政府間の」／ **Museo-virasto**「フィンランド文化遺産局」／ **sitoutua**「～すると約束する、～する責任を負う」(vaalimaanとnostamaanと結びつく) ／ **valtuuttamana**「委任するものとして」動分［様］＜valtuuttaa ／ **yhdessä ... kannsa**「…と一緒に」／ **edistävien**「促進するような」能現分［複属］＜edistää ／ **vaalia**「大切にする」／ **oma-peräinen**「独自の」／ **jatkuvuus**「継続性」＜jatkuva＜jatkua ／ **nostaa esille**「取り上げる、提示する」／ **merkityksellisyys**「意義、重要性」＜merkityksellinen＜merkitys ／ **tapa-kulttuuri**「慣習文化」／ **hyvin-vointi**「福祉、安寧、福利、厚生、幸福、健康、繁栄」

訳例

フィンランドのサウナの伝統は登録された｜ユネスコの無形文化遺産のリストに｜2020年12月17日に開催された政府間委員会の会合で。文化遺産局が義務を負う｜フィンランド国家に委任されたものとして｜｜［一緒に｜フィンランドのサウナ共同体と｜そしてサウナ文化を推進する関係者たちと（一緒に）］｜｜［大切にすることに対して｜独自のフィンランド・サウナの伝統の連続性を］｜そして［提示することに対して｜その（サウナの伝統の）重要性を｜一部としての｜慣習文化や厚生の］。

2. 9割のフィンランド人が週に1度はサウナへ

Saunan lämmitys, saunomiseen liittyvät tavat ja perinteet sekä esimerkiksi saunominen lauluissa, uskomuksissa ja tarinaperinteessä ovat osa tätä elävää, aineetonta kulttuuriperintöä. Saunomisen elinvoimaisuus on nyt huipussaan: lähes 90 prosenttia suomalaisista saunoo kerran viikossa. Suosio näkyy myös saunojen lukumäärässä: Suomessa on noin 3,2 miljoonaa saunaa. Perinne siirtyy eteenpäin perheissä sekä lukuisissa aktiivisissa saunaseuroissa.　　　　　　　　　　　　　　　　　　　　　　　【75/231】

単語・表現

lämmitys「暖めること」＜ lämmittää ＜ lämmin ／ **saunomiseen**「サウナ入浴に」動名［入］＜ saunoa ／ **liittyvät**「結びつくような」能現分［複主］＜ liittyä ／ **tavat**「慣習」［複主］＜ tapa ／ **perinteet**「伝統」［複主］＜ perinne ／ **uskomus**「信仰、信念、神話、伝承」＜ uskoa ／ **tarinaperinne**「語り（の伝統）」／ **elin-voimaisuus**「活力」＜ elin-voimainen ／ **huipussaan**「頂点に」［内］＋単3所接＜ huippu ／ **luku-määrä**「数（量）」／ **eteen-päin**「前へ」／ **lukuisa**「数多くの」＜ luku ／ **seuroissa**「協会の中で」［複内］＜ seura

訳例

　［サウナを暖めること、サウナ入浴に関わる慣習や伝統、｜さらに、たとえば歌、伝承、そして物語におけるサウナ入浴は］［一部である｜この生きた無形文化遺産の］。サウナ入浴の活力は今がピークにある：｜フィンランド人のうち90パーセント近くが週に1回サウナに入っている。この人気は見て取れる｜サウナの数にも｜：フィンランドには約320万のサウナがある。伝統は引き継がれていく｜家族の中で、そして数多くの積極的なサウナ協会の中で。

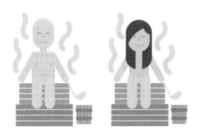

　• ［sauna の emoji―ネットでは水をかけられるので要注意！］
　　this is Finland
　　https://finland.fi/emoji/

3. サウナは常にフィンランド人たちの生活の一部

Sauna on kuulunut meidän suomalaisten elämään tuhansia vuosia, ja on tärkeä osa kansallista identiteettiämme, aivan kuten ruisleipä ja sisukin. Aiemmin saunaan mentiin sekä syntymään, parantumaan ja kuolemaan että peseytymään ja kylpemäänkin. Tänä päivänä saunominen on olennainen osa nykysuomalaisten rentoutumista: Suomessa on jopa 2 miljoonaa saunaa. Kesämökki, järvi ja sauna – mitä muuta suomalainen muka tarvitsee? 【76/231】

rentoutumista「リラックスすること」動名［分］＜rentoutua ／ **muka**「はたして」（話者の疑いの気持ちを表す）

　サウナは属してきた｜我々フィンランド人の生活に｜何千年もの間、｜そして重要な一部である｜我々の国民的アイデンティティの、｜ライ麦パンやsisuとまったく同じように。以前はサウナへ行った｜生まれるために、癒されるために、そして死ぬために｜さらに自らを洗うために、そして入浴するために。今日ではサウナに入ることは不可欠な一部だ｜現代フィンランド人がリラックスすることの｜：フィンランドには200万ものサウナがある。夏小屋、湖、そしてサウナ―ほかに何をフィンランド人が必要となどするだろうか。

4. Suomen Saunaseura (フィンランド・サウナ協会) の公式指針

Sauna on suomalaisille perinteinen pyhä paikka, jossa rauhoitutaan ja rentoudutaan.

1. Ennen löylyyn menemistä huuhdo pois päivän pölyt ja voimakkaat haju- ja partavedet.
2. Vältä tuoksuvien aineiden käyttöä saunatiloissa.
3. Rauhallinen keskustelu on sopivaa, mutta vältä tarpeetonta äänenkäyttöä.
4. Huomioi muut saunojat huomaavaisella käytöksellä, tiedustele toivotaanko lisää löylyä ja täytä tarvittaessa löylyämpäri.

5. Löylykilpailut eivät kuulu yleiseen saunaan, vihtominen sen sijaan on sallittua.
6. Muista huolehtia nestetasapainostasi ja juoda riittävästi vettä.
7. Saunajuomat nautitaan vilvoittelutiloissa, ei löylyhuoneessa.
8. Huolehdi omalta osaltasi, että paikat pysyvät siisteinä ja miellyttävinä myös seuraaville saunojille. 【77/231】

第2部

知る

単語・表現

perinteinen「伝統的な」＜ perinne ／ **rauhoitutaan**「落ち着く」受現＜ rauhoittua ＜ rauhoittaa ＜ rauha ／ **rentoudutaan**「リラックスする」受現＜ rentoutua ／ **löyly**「（サウナの熱した石に水をかけて発生する）蒸気や熱」／ **huuhtoa**「すすぐ」／ **haju-vesi**「香水」／ **parta-vesi**「アフターシェーブローション」／ **välttää**「避ける」／ **tuoksuvien**「香るような」能現分［複属］＜ tuoksua ＜ tuoksu ／ **huomioida**「考慮する」／ **huomaavainen**「思いやりのある」＜ huomata ／ **käytös**「振る舞い」／ **tarvittaessa**「必要なときに」受e不［内］〔時構〕＜ tarvita ／ **ämpäri**「バケツ」／ **vihtominen**「vihta で体を叩くこと」＜ vihtoa ＜ vihta（77-79 ページを参照）／ **sen sijaan**「その代わり」／ **huolehtia**「気にかける、気をつける」／ **neste**「液体、水分」／ **tasa-paino**「バランス、均衡」／ **vilvoittelu**「体を冷やすこと」＞ vilvoitella ／ **löyly-huone**「サウナ（蒸気を楽しむ部屋）」／ **omalta osaltasi**「あなたとしては」／ **pysyä**「～のままである」［＋［様］］

訳例

　サウナはフィンランド人にとって伝統的な、そして神聖な場所だ、｜そこでは落ち着きリラックスする。

1. 蒸気の中へ入る前には｜洗い流しなさい｜一日のホコリや強い香水やアフターシェーブローションを。
2. 避けなさい｜香りのするものの使用は｜サウナでは。
3. 静かな会話は適切だ、｜しかし避けなさい｜不必要な声の使用は。
4. 考えなさい｜ほかのサウナ利用者のことを｜気遣いのある振る舞いにより、｜（サウナに入っている人に）聞きなさい｜望むかどうかを｜（石に水をかけ）追加の蒸気を（出すことを）｜そして満たしなさい｜必要なときにはバケツを。
5. 我慢比べ（「蒸気競争」）は公衆サウナではしてはいけない、｜vihta で体を叩くことはその代わり許される。
6. 気をつけておきなさい｜あなたの水分バランスに｜そして十分な水を飲むことに。
7. サウナの飲み物は楽しむ｜涼むための場所で、｜（蒸気の出る）サウナの中ではなく。
8. あなた自身で気をつけなさい、｜サウナが清潔なままであることに｜そして気持ちのよいま

73

まであることに｜次にサウナに入る人々にとっても。

　日本でもサウナはたいへんに人気があり「サウナー」という言葉もよく耳にする。なぜかサウナの中でタオルを振り回して「熱波」を起こすことを日本では「ロウリュー」などと呼んだりしているのを聞いたことがあるが、このようなことをする人たちはおそらく「サウナー」かもしれないがsaunojaではないのだろうと思う。

読んでみよう

5. Kalevalaにも登場するlöyly！（『カレワラ』第45詩より）

Tule löylyhyn, Jumala,
iso ilman, lämpimähän
tekemähän terveyttä,
rauhoa rakentamahan

【78/231】

Kalevala『カレワラ』はフィンランドの民間伝承をもとにElias Lönnrot（1802-1884）が編纂した民族叙事詩であり、民族意識を確立することや独立を獲得するうえで大きな役割を果たしたとされる。2月28日は「カレワラの日」であり、また「フィンランド文化の日」でもある。81-86ページも参照／**löylyhyn** = löylyyn「蒸気の中へ」[入]＜löyly／**iso**「（ここでは）父」／**ilma**「（ここでは）天」／**lämpimähän** = lämpimään「暖かさの中へ」[入]＜lämmin／**tekemähän** = tekemään／**rauhoa**＝rauhaa「平和を」[分]＜rauha／**rakentamahan** = rakentamaan

おいでください｜蒸気の中に、神よ、
天の父よ、暖かい中へ
健康になるために。
平和を築くために

　selkä-saunaという単語がある。文字通りには「背中サウナ」だが、「子どものお尻を叩くこと、お仕置き」を意味する。一方、opin saunaは文字通りには「学びのサウナ」だが、こちらは「学校」を意味する。どちらもサウナの熱さからの連想のようだ（学校は「熱くて厳しいところ」か？）。また、löyly も selkäsaunaと同じような意味で使われることがある。

13 サウナ用語の語源について

Suomi

ここでは sauna の語源に加え、löyly「サウナの蒸気」、kiuas「サウナ・ストーブ」、そして vihta/vasta「カバノキの枝を束ねたサウナで体を叩く道具」について読んでいく。

読んでみよう

1. sauna の語源は「穴」？

Sauna-sanan alkuperästä ei ole täyttä varmuutta. Sana tunnetaan jois-sakin lähisukukielissä, ja merkitys on niissä sama kuin suomessa. Saame-laiskielissä on selvästi tähän itämerensuomalaisen sanan yhteyteen kuu-luva sana (esim. pohjoissaamen suovdnji). Sen merkitys on 'kuoppa, kieppi'.

【79/231】

単語・表現

alku-perä「起源」／ **täyttä**「完全な」[分] ＜ täysi ／ **varmuutta**「確実さ」[分] ＜ varmuus ＜ varma ／ **tunnetaan**「知られている」受現 ＜ tuntea ／ **joissakin**「ある～、いくつかの」[複内] ＜ jokin ／ **lähi-suku-kieli**「近い親縁関係にある言語」（フィンランド語の lähi-suku-kieli は itä-meren-suomi「バルト・フィン語」と呼ばれる）／ **merkitys**「意味」／ **saamelais-kielissä**「サーミ諸語において」[複内] ＜ -kileli ／ **tähän itä-meren-suomalaisen sanan yhteyteen kuuluva sana**「このバルト・フィン諸語の単語との結びつきに属するような単語」（yhteyteen「関連へ」[入] ＜ yhteys ＜ yksi、kuuluva「属するような」能現分 ＜ kuulua）／ **esim.** = esi-merkiksi「たとえば」／ **kieppi**「（鳥が眠るために雪に掘る）穴、くぼみ」

訳例

sauna という語の語源については完全に確実なものはない。この語は知られている｜いくつかの近い親縁関係にある言語で、｜そして、それらにおける意味はフィンランド語におけるのと同じである。サーミ諸語には明らかにこのバルト・フィン諸語の単語と関連のある語がある（たとえば、北サーミ語の suovdnji）。その意味は「穴、くぼみ」である。

「バルト・フィン諸語」にはフィンランド語のほかに viro「エストニア語」、karjala「カレリア語」、vatja「ボート語」、vepsä「ベプス語」、liivi「リーブ語（リボアニア語）」などが含まれる。フィンランド語にとってバルト・フィン諸語についで近い関係にあるのが saamaleiskielet「サーミ諸語」であり、さらには unkari「ハンガリー語」などとも系統関係がある。

2. 次はlöyly、まずは辞書における定義を確認！

saunassa kiukaalle vettä viskattaessa syntyvä kuuma höyry t. kuumuus 【80/231】

kiukaalle「サウナ・ストーブへ」[向]＜kiuas ／ **viskattaessa**「投げつけるときに」受e不[内]〔時構〕＜viskata ／ **syntyvä**「生まれるような」能現分＜syntyä ／ **t. = tai**「あるいは」

サウナでストーブに水を投げかけたときに生まれる熱い蒸気、あるいは熱さ

　Lisää löylyä!「（熱い石に水をかけて）もっと蒸気を出して！」という表現はよく使われる。また、istua löylyssä「サウナ（の蒸気の中）で座っている」、heittää/lyödä löylyä「石に水をかけ蒸気を出す」などという表現に加え、veri-löyly「大虐殺」という穏やかでない表現もある。

3. löylyは「生命を与えてくれる蒸気」？

Löyly tunnetaan kaikissa suomen lähisukukielissä. Merkitys on kaikkialla 'löyly', virossa ja liivissä myös 'henki, elämä'. Saamelaiskieliin sana on lainautunut suomesta. Kaukaisemmissa sukukielissä sana tarkoittaa viron ja liivin tapaan elämää, sielua, henkeä (esimerkiksi unkarin lélek 'sielu, henki').

【81/231】

lainautua「借用される」＜lainata ／ **kaukaisemmissa**「より遠くの」比[複内]＜kaukainen ／ **tapaan**「（同じ）ように」＜tapa

　löyly（という語）は知られている｜すべてのフィンランド語と近い親縁関係にある言語で。意味はどこでも'löyly'である、｜エストニア語やリーブ語（リボニア語）ではまた「精神、生命」である。サーミ諸語へこの語は借用された｜フィンランド語から。より遠い系統関係にある言語では、この語は意味する｜エストニア語やリーブ語のように｜生命、魂、精神を（たとえば、ハンガリー語lélek「魂、精神」）。

読んでみよう

4. kiuasはどうやら「石の山」？！
Sana kiuas on mitä ilmeisimmin syntynyt yhdyssanasta. Ennen nykyaikaisia puu- tai sähkölämmitteisiä kiukaita, kiuas oli savusaunan tai riihen sisäänlämpiävä, kivistä ladottu tulisija. Paras tähän mennessä esitetty selitys sanalle kiuas onkin, että sen takana on yhdyssana kivikasa. 【82/231】

単語・表現

mitä ilmeisimmin「明らかに、おそらく」(ilmeisimmin [副] 最＜ilmeinen)／**yhdys-sana**「合成語、複合語」／**-lämmitteinen**「〜で暖めるような」／**savu-sauna**「スモーク・サウナ (煙を充満させ、サウナに入る直前に煙を外へ出すようなサウナ)」／**riihi**「穀物倉」／**sisään-lämpiävä**「煙突がなく煙が充満する(ことで暖まる)ような」／**ladottu**「積み上げられた」受過分＜latoa／**tuli-sija**「暖炉、囲炉裏」／**tähän mennessä**「これまでのところ」／**esitetty**「提示された」受過分＜esittää／**kasa**「(積み上げた)山」

訳例

　kiuasという語はおそらく合成語から生まれた。現代の薪や電気で暖めるkiuasの前は、｜kiuasはスモーク・サウナの、または穀物倉の煙を充満させるような、｜石が積み上げられた囲炉裏だった。［最高の｜これまでに提示された説明は｜kiuasという語に対する］｜その背景には合成語kivikasa「石の山」があるというものだ。

読んでみよう

5. 西ではvihta、東ではvastaで体を叩くのがフィンランド式
Länsisuomalaiset vihtovat, itäsuomalaiset vastovat. Raja kulkee suunnilleen Päijänteen halki Suomen pituussuunnassa. Oikea vastan/vihdan tekoaika on yleensä juhannuksen tienoista heinäkuun alkupuolelle. Ennen sitä koivunlehdet ovat liian pehmeitä ja sen jälkeen lehdet irtoavat herkemmin. 【83/231】

単語・表現

vihta＝vasta「サウナほうき」(サウナの中で体を叩くためにカバノキの枝を束ねたもの)／**vihtoa**「vihtaで体を叩く」／**vastoa**「vastaで体を叩く」／**pituus-suunta**「縦方向」／**tienoo**「(ふつう複数形で)〜あたり」／**herkemmin**「より敏感に」[副] 比＜herkkä

- ［vihta/vasta の emoji—
英語では sauna whisk「サウナウィスク」と言うんですね］
this is Finland
https://finland.fi/emoji/

　西フィンランド人たちは vihta で体を叩き、東フィンランド人たちは vasta で叩く。（vihta を使う地域と vasta を使う地域の）境界線は走っている｜おおよそ Päijänne 湖を横切ってフィンランドを縦に。vasta／vihta を作る正しい時期は｜一般的に夏至のあたりから7月のはじめにかけてだ。それ以前はカバノキの葉は柔らかすぎるし｜その後になると葉はより簡単に落ちてしまう。

読んでみよう

6. vasta の語源はスウェーデン語の kvast か!?

Sanaa vasta on pidetty pitkään vanhana venäläisenä lainasanana, mihin itämurteisiin painottuva levikki sopisikin. Lähtökohdaksi ajateltiin muinaisvenäjän häntää tarkoittavaa sanaa, joka olisi aiemmin merkinnyt ehkä vihtaa. Nykyään on kuitenkin päädytty siihen, että kyseessä on vanha laina germaaniselta taholta. Lainalähteen jatkajia nykykielissä on esimerkiksi ruotsin luutaa, huiskaa ja saunavastaa tarkoittava sana kvast.

【84/231】

単語・表現

on pidetty「みなされてきた」受完＜ pitää ／ **laina-sana**「借用語」／ **mihin**「そのことへ」［入］＜［関代］mikä（前の節の内容全体をさす）／ **itä-murteisiin**「東方言に」［複入］＜ itä-murre ／ **painottuva**「集中するような」能現分＜ painottua ＜ painottaa ＜ paino ／ **levikki**「広がり、分布」＜ levittää ／ **sopisi**「合致するだろう」［条］単3＜ sopia ／ **lähtö-kohdaksi**「出発点として」［変］＜ -kohta ／ **ajateltiin**「考えられた」受過＜ ajatella ／ **muinais-venäjä**「古ロシア語、古東スラブ語」／ **tarkoittavaa**「意味するような」能現分［分］＜ tarkoittaa ／ **olisi merkinnyt**「意味したのだろう」［条］完単3＜ merkitä ／ **on päädytty**「至っている」受完＜ päätyä ／ **kyseessä**「問題

となるのは」[内] ＜ kyse／**germaaninen**「ゲルマン語の」／**taholta**「〜の方面から」／**laina-lähde**「借用元」／**jatkaja**「後継者」＜ jatkaa／**luuta**「ほうき」／**huiska**「（ほこりなど払う）小ほうき、ブラシ」

　vastaという語はみなされてきた｜長い間｜古いロシア語の借用語だと、｜そのことに（vastaという語の）東部方言に偏る分布は合致するだろう。（借用語の）原語として考えられていたのは｜古ロシア語の「尾」を意味する単語で、｜それは以前はおそらく意味していたのだろう｜vihtaのことを。現在ではしかしながら（että以下の結論に）達している｜問題となるのは古い借用語だ｜ゲルマン語方面からの。[借用元の後継者の一つは｜現代語における]｜たとえばスウェーデン語の「ほうき」「はたき」、そして「サウナのvasta」を意味するkvastという語だ。

7. vihtaとvihma「冷たい雨」、両者には関係があるのか？

Länsimurteisen vihdan alkuperä on toistaiseksi hämärämpi. Sen ajateltiin aiemmin olevan myös venäläistä lainaperua, vaikka sanan levikki ei tätä oletusta tukenutkaan. Lainalähtöisyyden sijaan on sittemmin ehdotettu, että vihta olisi omaperäinen ja kuuluisi ehkä samaan sanueeseen kuin hiljaista sadetta tarkoittava vihma.　　　　　【85/231】

länsi-murteinen「西方言の」／**toistaiseksi**「現時点では」／**hämärämpi**「より薄暗い」比＜hämärä／**sen ajateltiin olevan ~**「それは〜であると考えられていた」（分構）（ajateltiin「考えられた」受過＜ajatella、olevan「〜であるような」能現 [属] ＜ olla)／**peru**「起源」／**oletus**「推測」＜olettaa／**laina-lähtöisyys**「借用起源であること」／**sijaan**「〜に代わって」／**on ehdotettu**「提案されている」受完＜ehdottaa／**sanue**「語源的に関係のある語の形成するグループ」／**hiljaista sadetta tarkoittava vihma**「静かな雨を意味するvihma」／**vihma**「霧雨、小雨」

　西方言のvihtaの起源は現時点ではより不明確だ。それは考えられていた｜以前は｜やはりロシア語に借用起源があると、｜（vihtaという語がおもに西フィンランドで使われるということからすると）その語の分布はこの仮説を支持しなかったが。借用起源説に代わって後には提案されている、｜vihtaは独自の語で、[おそらく属するのではないかと｜同じ語彙グループに｜「静かな雨」を意味するvihmaと]。

8. オリンピックでの勝利の影にもsisu、そしてsaunaが

Kirjoitti kerran eräs ketterä mies Antverpenin voitostamme ja kehui, että
Suomen sisu, sauna ja ruisleipä oli tehnyt ne mahdollisiksi. Se mies iski
naulan päähän.（A. GALLEN-KALLELA）　　　　　　　　　　　　　【86/231】

単語・表現

ketterä「機敏な」／**Antverpen**「アントワープ」(1920年の夏季オリンピックが開催されたベルギー
の都市。同オリンピックではフィンランド人のPaavo Nurmiたちが活躍し多くのメダルを獲得した)」
／**voitostamme**「我々の勝利について」[出]＋複1所接＜voitto＜voittaa／**oli tehnyt**「して
いた」過完＜tehdä／**tehdä mahdollisiksi**「可能にする」／**iskeä naulan päähän**「正鵠を射る、
的を射る」／**Akseli Gallen-Kallela**(1865-1931)はフィンランドを代表する画家。

訳例

　書いた｜あるとき、ある賢い男が｜アントワープでの我々の勝利について、｜そして称えた｜フ
ィンランドのsisu、sauna、そしてライ麦パンがそれらを可能にしたのだと。その男は正鵠を射て
いる。（A. GALLEN-KALLELA）

　vihtaとvastaは西方言と東方言における語彙の違いについて話をする際に必ず出てくる組
み合わせだ。もともと書き言葉はおもに西方言にもとづいて作られたが、後には東方言の語
彙が多く採用されるようになった。たとえば標準語で「夏」は東方言に由来するkesäだが、
西方言に由来するsuviは女性の名前となっており、とくに夏に生まれた子どもに与えられる。
なお、西方言と近い関係にあるエストニア語では「夏」はsuviとなっている。

14 「黄金期」の作曲家

「3つのS」の最後は作曲家Sibelius（1865-1957）である。彼の活躍した時代はフィンランド芸術のkultakausi「黄金期」と呼ばれており、たとえば民族叙事詩『カレワラ』を題材にすることで「民族ロマン主義（ナショナル・ロマン主義）」と呼ばれる潮流を生み出している。19世紀末から20世紀初めにかけての「黄金期」は1917年の独立を準備する時代でもあった。

読んでみよう

1. 世界的に有名な作曲家Sibelius

Maailmalla tunnetuin suomalainen säveltäjä on Jean Sibelius. Hän sävelsi seitsemän sinfoniaa ja lukuisia lauluja, esimerkiksi Finlandia-hymnin. Myös Sibelius käytti paljon Kalevalan aiheita. 【87/231】

単語・表現

tunnetuin「もっとも知られた」最＜tunnettu受過分＜tuntea ／ **säveltäjä**「作曲家」＜säveltää ／ **sinfonia**「交響曲」／ **hymni**「讃歌、讃美歌」／ **aiheita**「題材を」［複分］＜aihe

訳例

　世界でもっとも有名なフィンランドの作曲家はJean Sibeliusである。彼は作曲した | 7つの交響曲と数多くの歌曲を、 | たとえば「フィンランディア賛歌」のような。またSibeliusは多く使用した | 『カレワラ』の題材を。

読んでみよう

2. Sibeliusはスウェーデン語系フィンランド人　　　【88/231】

Sibeliuksen äidinkieli oli ruotsi ja yksinlaulunsa hän sävelsi pääosin ruotsinkielisiin teksteihin, kuten J. L. Runebergin runoihin …… Suomea Sibelius oli oppinut jo koulupoikana syntymäkaupungissaan Hämeenlinnassa.

単語・表現

yksin-laulunsa「自らの独唱歌曲を」（-laulunsa［複主対］＋単3所接＜-laulu）／ **pää-osin**「大部分は」＜pää-osa ／ **J. L. Runebrg**（1804-1877）はスウェーデン語系詩人で、フィンランド国歌（Maamme/Vårt land）の歌詞も彼の詩である。

Sibeliusの母語はスウェーデン語だった｜そして独唱曲は、彼は曲をつけた｜大部分スウェーデン語のテキストに、｜J. L. Runebergの詩のような。……フィンランド語をSibeliusは学んでいた｜すでに学校の生徒のころに｜自らの生まれ故郷で｜Hämeenlinnaで。

3. Jeanという名前は本名ではない

Sibeliuksen oikeat ristimänimet olivat Johan Christian Julius, mutta lapsuuden perhepiirissä häntä kutsuttiin Janneksi. Kutsumanimi oli periytynyt hänelle hänen sedältään, jonka oikea etunimi oli myös ollut Johan. Tuo aikaisempi Johan Sibelius oli ollut merikapteeni, joka aikansa yleisen tavan mukaan oli käyttänyt ulkomailla etunimestään ranskankielistä muotoa Jean. Kerran nuori Sibelius löysi Karibianmerellä kuolleelle sedälleen kuulunut käyntikortti, joissa luki komeasti "Jean Sibelius", ja sillä hetkellä hän päätti siinä olevan myös hänen taiteilijanimensä. 【89/231】

ristimä-nimi「洗礼名」／**kutsuma-nimi**「愛称、通称」／**periytyä**「受け継がれる」＜periä／**Karibian-meri**「カリブ海」／**kuolleelle**「亡くなった」能過分［向］＜kuolla／**kuulunut**「属していた、～のものだった」能過分＜kuulua／**päätti siinä olevan hänen taiteilija-nimensä**「そこに自分の芸術家としての名前があると決めた」〔分構〕

Sibeliusの本当の洗礼名はJohan Christian Juliusだった、｜しかし子ども時代の家族の間では｜彼は呼ばれていた｜Janneと。この愛称は受け継がれていた｜彼へ｜彼の叔父から、｜その叔父の本当の名もJohanだった。その年上の方のJohan Sibeliusは船長だった、｜彼は当時の一般的な慣習により使っていた｜海外で｜ファースト・ネームについてフランス語の形Jeanを。あるとき若いSibeliusは見つけた｜カリブ海で亡くなった叔父のものだった名刺を、｜そこには美しく書かれていた｜「Jean Sibelius」と、｜そして、その瞬間に彼は決めた｜その中にあるのだと｜また彼の芸術家としての名前が。

- [Kekkonen大統領出席で行われたシベリウス公園内のシベリウス・モニュメントの除幕式]
https://en.wikipedia.org/wiki/Sibelius_Monument#/media/File:Sibelius-monumentin-paljastus.jpg

【読んでみよう】

4. 妻Ainoの名を冠したAinolaは、今ではすてきな博物館

Vuonna 1892 Jean Sibelius solmi avioliiton Aino Järnefeltin kanssa. Avioparille syntyi kuusi tytärtä, joista yksi kuoli jo lapsena. Vuonna 1904 Sibeliukset muuttivat Helsingistä Järvenpäähän Tuusulanjärven ranta-maisemiin, jonne he rakennuttivat itselleen Ainolaksi nimetyn talon. Per-heen kotikieli oli suomi.　　　　　　　　　　　　　　　　【90/231】

単語・表現

Aino Järnefelt（1871-1969）はJean Sibeliusの妻／**rakennuttaa**「建てさせる」＜rakentaa／**Ainola**は現在では博物館となっている／**koti-kieli**「家庭言語」

訳例

　1892年にJean Sibeliusは結婚した｜Aino Järnefeltと。夫妻には生まれた｜6人の娘が、｜そのうちの1人は亡くなった｜すでに子どものときに。1904年にSibelius一家は引っ越した｜Helsinkiから Järvenpää へ｜Tuusula湖の岸辺の景色の中へ、｜そこへ彼らは建てさせた｜自分たちのために｜Ainolaと名づけられた家を。一家の家庭言語はフィンランド語だった。

【読んでみよう】

5. Sibelius独自の音楽言語の源泉は『カレワラ』にある

Kaiken kaikkiaan Sibelius hyödynsi Kalevalan maailmaa tuotannossaan poikkeuksellisen monipuolisesti. Ensinnäkin tukeutumalla Kalevalaan Si-belius kykeni luomaan keskieurooppalaisesta myöhäisromantiikasta poik-keavan persoonallisen sävelkielen ja yleisemminkin musiikkityylin, joka heti alettiin mieltää "suomalaiseksi".　　　　　　　　　　　【91/231】

単語・表現

kaiken kaikkiaan「全体として、結局のところ」／**hyödyntää**「活用する」＜hyöty／**tuotannossaan**「自らの創作において」[内]＋単3所接＜tuotanto＜tuottaa／**poikkeuksellisen**「例外的なほど」[属]＜poikkeuksellinen／**ensinnä**（**kin**）「まず」／**tukeutumalla**「もたれかかることにより」MA不[接]＜tukeutua＜tukea／**kykeni**「できた」過単3＜kyetä／**poikkeavan**「異なるような」能現分[属対]＜poiketa／**persoonallinen**「独特な」／**sävel-kieli**「音楽言語」／**yleisemmin**「より一般的に」[副]比＜yleinen／**mieltää**「みなす」

　何といってもSibeliusは活用した｜『カレワラ』の世界を｜自分の創作において｜例外的なほど多面的に。まず、『カレワラ』に頼ることにより｜Sibeliusは創り出すことができた｜中央ヨーロッパの後期ロマン主義とは異なる独自の音楽言語を｜そして、より一般的には〔音楽様式を、｜それはすぐにみなされ始めた｜「フィンランド的」だと〕。

読んでみよう

6. Sibeliusたちは「民族ロマン主義」の芸術家

a. [Kansallisromantiikka on] 1800-1900-lukujen vaihteessa Suomessa esiintynyt, lähinnä kansallisia aiheita käyttänyt taidesuuntaus

b. Kalevala merkitsi käännettä suomenkieliselle kulttuurille ja herätti huomiota myös ulkomailla. Se synnytti suomalaisten keskuudessa itseluottamusta oman kielen ja kulttuurin mahdollisuuksiin.

　Kalevala nosti pienen, tuntemattoman kansan muiden eurooppalaisten tietoisuuteen. Kalevalaa ruvettiin kutsumaan suomalaisten kansalliseepokseksi. 【92/231】

単語・表現

kansallis-romantiikka「民族ロマン主義、ナショナル・ロマン主義」／ **vaihteessa**「変わり目に」内＜vaihde／ **esiintynyt**「現れたような」能過分＜esiintyä／ **käyttänyt**「使ったような」能過分＜käyttää／ **taide-suuntaus**「芸術思潮」（suuntaus「方向、傾向、思潮」）／ **käänne**「転機」／ **keskuudessa**「間で」⇒keskuudesta, keskuuteen／ **itse-luottamus**「自信」／ **mahdollisuuksiin**「可能性に対する」[複入]＜mahdollisuus／ **tuntemattoman**「知られていない」否分[属対]＜tuntea／ **tietoisuuteen**「意識へ」[入]＜tietoisuus／ **ruvettiin kutsumaan**「呼ばれ始めた」（ruvettiin受過＜ruveta）／ **kansallis-eepokseksi**「民族叙事詩と」[変]＜-eepos

訳例

a. [民族ロマン主義とは] 1800年代から1900年代の変わり目にフィンランドにおいて現れた、おもに民族的題材を活用した芸術思潮

b.『カレワラ』は意味した｜転機を｜フィンランド語の文化にとって｜そして注目を呼び覚ました｜海外においても。それは生み出した｜フィンランド人たちの間に｜自信を｜自分たちの言語と文化の可能性に対する。

　『カレワラ』は引き上げた｜小さな、無名の民族を｜他のヨーロッパの人々の意識の中へ。『カレワラ』は呼ばれ始めた｜フィンランド人たちの民族叙事詩と。

読んでみよう

7. 民族ロマン主義の出発点は『カレワラ』と思想家Snellmanにある

Kansallisromantiikan lähtökohtana Suomessa on pidettävä Kalevalan sekä J.V. Snellmanin kieli- ja kansallisuuspolitiikan aikaansaamaa kansallista herätystä, joka tuli erittäin ajankohtaiseksi vuosisadan lopun nk. sortokausien aikana. Kirjallis-taiteellisena virtauksena kansallisromantiikka syrjäytti 1880- ja 90-lukujen taitteessa näkyvästi esiin tulevan realismin, vaikka niitä voidaan pitää myös rinnakkaisina tyylisuuntina. 【93/231】

単語・表現

on pidettävä「みなすべきだ」(pidettävä 受現分 < pitää)／**J.V. Snellman** (1806-1881) は哲学者、政治家。フィンランド語にもとづく民族の確立を説いた／**aikaan-saama**「引き起こしたような」動分 < aikaan-saada (= saada aikaan)／**tuli ajan-kohtaiseksi**「時宜を得たものとなった」(-kohtaiseksi[変] < -kohtainen)／**nk. = niin kutsuttujen**「いわゆる」複属 < niin kutsuttu／**sorto-kausi**「(ロシアによる)抑圧期」／**virtauksena**「流れとして」様 < virtaus／**syrjäyttää**「退ける、排除する」／**taitteessa**「変わり目に」[内] < taite／**näkyvästi**「見えるほどに」näkyvä < näkyä／**esiin tulevan**「現れてくるような」(tulevan 能現分属 < tulla)／**rinnakkaisina tyylisuuntina**「並行する様式思潮だと」[複様] < rinnakkainen tyyli-suunta

訳例

　フィンランドにおける民族ロマン主義の原点だと｜みなすべきだ｜『カレワラ』とJ. V. Snellmanの言語・民族政策が生み出した民族的覚醒を、｜それは非常に時宜にかなったものとなった｜世紀末のいわゆる(ロシアによる)抑圧の時代には。文学・芸術的思潮として｜民族ロマン主義は退けた｜1880年代と90年代の変わり目に顕著に現れてきたリアリズムを、｜(ただし)それらはみなすこともできるのだが｜同時に存在した様式思潮だとも。

読んでみよう

8. 8番目の交響曲は暖炉の中で灰と化してしまった

Sen jälkeen hän valmisteli vielä kahdeksatta sinfoniaansa, josta hän antoi ainakin osan myös puhtaaksikirjoitettavaksi. Hän ei ollut kuitenkaan tyytyväinen tuotokseensa, ja yritettyään tuloksetta muokata teosta mieleisekseen Sibelius lopulta poltti sävellyksen Ainolan ruokasalin vihreässä takassa. 【94/231】

kahdeksatta「8番目の」［分］＜kahdeksas ／ **antoi puhtaaksikirjoitettavaksi**「清書させた」（puhtaaksi「きれいに」［変］＜puhdas、kirjoitettavaksi「書かれるように」受現分［変］＜kirjoittaa、puhtaaksi-kirjoittaa＝kirjoittaa puhtaaksi「清書する」）／ **tuotokseensa**「自分の作品に」［入］＋単3所接＜tuotos＜tuottaa ／ **yritettyään**「試みた後で」受過分［分］＋単3所接〔時構〕＜yrittää ／ **tuloksetta**「結果なしで」［欠］＜tulos＜tulla ／ **muokata**「推敲する、修正する」／ **mieleisekseen**「自分の気に入るように」［変］＋単3所接＜mieleinen ／ **takassa**「暖炉で」［内］＜takka

　その後、彼は作曲した｜さらに8番目の交響曲を｜、そのうち彼は少なくとも一部を｜清書させた。彼はしかしながら満足しなかった｜自分の作品に、｜そして［試みた後で｜（望むような）結果もなく｜作品を修正しようと｜自分の気に入るように］｜Sibeliusは最後には燃やした｜自分の曲を｜Ainolaの食堂の緑色の暖炉の中で。

● ［AinolaでのSibelius一家。
右に見える暖炉で8番目の
交響曲を燃やしたのか？］
https://en.wikipedia.org/wiki/Ainola

9.「黄金期」―それは民族的アイデンティティ勃興の時代

Kultakausi oli kansallisen identiteetin leviämisen ja kansallisen mobilisaation aikaa.　　　　　　　　　　　　　　　　　　　　　　　　　　　　　【95/231】

leviämisen「広がることの」動名［属］＜levitä ／ **mobilisaatio**「動員」

　黄金期は民族的アイデンティティの広がり、そして国民動員の時代だった。

　「黄金期」には民族意識が高揚し独立へと向かっていくが、一方で階層や言語による分断も深まる時代であり、1917年独立直後には内戦が勃発する。

15 フィンランド・デザイン

創造性・情熱・直感、そして自然 Suomi

Iittala や Arabia は人気だが、とくに Kaj Franck の Kartio シリーズや Teema シリーズは有名。また、フィンランド・デザインといえば Marimekko も欠かせない。そして建築の分野では Alvar Aalto の名を忘れるわけにはいかない。

読んでみよう

1. 最初の北欧デザインブームは早くも1950年代
Ensimmäinen pohjoismainen muotoilun buumi Japanissa oli 1950-luvun lopulta 60-luvulle, jolloin suomalainen muotoilu sai maailmanlaajuisen arvostuksensa. Toinen villitys alkoi 2000-luvun alkupuoliskolla. Muotoilu-alan ulkopuolella hyvin harva japanilainen tietää Kaj Franckin 1950-luvun vierailusta Japaniin suomalaisen muotoilun edustajana.　　【96/231】

単語・表現

muotoilu「デザイン」＜muotoilla ／ **maailman-laajuisen**「世界的な」［属対］＜-laajuinen（laajuinen＜laaja）／ **arvostuksensa**「自らの評価を」［属対］＋単3所接＜arvostus＜arvostaa＜arvo ／ **villitys**「流行」＜villitä ／ **alku-puolisko**「前半」

訳例

［最初の北欧デザインブームは｜日本における］｜1950年代終わりから60年代にかけてだった、｜そのときフィンランド・デザインは世界的な評価を得た。第2のブームは始まった｜2000年代の前半に。デザイン業界の外ではごくわずかの日本人だけが知っている｜［Kaj Franck の1950年代の日本への訪問について｜フィンランド・デザインの代表者としての］。

● ［Kaj Franck がデザインした
Kartio シリーズのグラスと水差し］
https://fi.wikipedia.org/wiki/Kaj_Franck

2. Kaj Franckによればフィンランドと日本には似ている点が！

Ennen Japanin vierailuaan Franck oli sanonut : "Ihmettelen, miksi japanilainen käsityö ja japanilainen elämän asenne muistuttavat niin paljon suomalaista." Valitettavasti Franckin ajatuksia Japanin vierailuista ei ole julkaistu, joten vastaus jää arvoitukseksi.　　　　　　　【97/231】

単語・表現

ennen Japanin vierailuaan「自らの日本訪問前に」／**valitettavasti**「残念ながら」＜valitettava＜valittaa／**ei ole julkaistu**「公にされていない」受完否＜julkaista／**jää arvoitukseksi**「謎のままになる」(arvoitukseksi [変]＜arvoitus＜arvata)

訳例

　日本訪問の前にFranckは言っていた：「私は不思議に思う、｜なぜ日本の手工芸や日本人の人生に対する姿勢は似ているのか｜それほどたくさんフィンランド人のものと」。残念ながら［Franckの考えは｜日本訪問についての］｜公表されていない、｜そのため答えは謎のままだ。

3. Franckは持続可能な発展の先駆者！

Kaj Franck kiinnitti jo varhain huomiota maan kuoren pysyviin muodonmuutoksiin meidän aikamme tuhlailevan raaka-aineiden kahminnan seurauksena. Hän pyrki minimoimaan käyttämiemme tarve-esineiden määrää. Kaikenlainen aineellinen ja henkinen pröystäily oli vierasta hänen omassa elämässään. Kaj Franck oli aikansa edellä, kestävän kehityksen edelläkävijöitä.　　　　　　　【98/231】

単語・表現

kiinnittää huomiota「注意を向ける」／**kuori**「皮、殻」／**pysyviin**「継続的な、永遠の」能現分 [入]＜pysyä／**muodon-muutos**「変形」／**tuhlailevan**「浪費するような」能現分 [属]＜tuhlailla＜tuhlata／**kahminta**「貪欲にかき集めること」＜kahmia／**minimoida**「最小限にする」／**käyttämiemme**「我々が使うような」動分 [複属]＋複1所接＜käyttää／**tarve-esine**「日用品」／**pröystäily**「偉そうにすること、見せびらかすこと」＜pröystäillä／**aikansa edellä**「時代に先駆けて」／**edellä-kävijöitä**「先駆者の一人」[複分]＜-kävijä

訳例

Kaj Franckはすでに早い時期から注意を向けていた｜［地殻の永続的な変形に｜我々の時代の浪費的な原料採取の結果としての］。彼は最小限にしようとした｜我々が使う日用品の量を。あらゆる物質的、そして精神的な自己顕示欲は無縁だった｜彼自身の生活においては。Kaj Franckは時代に先駆けていた、｜持続可能な発展の先駆者の一人だった。

読んでみよう

4. Marimekkoがめざすのは「人々の日常生活の一部になること」！

Tulla osaksi ihmisten jokapäiväistä elämää ja toteuttaa meidän jokaisen salaisia toiveita. Ei enempää eikä vähempää – siinä näen Marimekon tule-vaisuuden.　　　　　　　　　　　　　　　　　　　　　　　【99/231】

単語・表現

これは Marimekko の Taiteellinen johtaja「芸術監督」である Minna Kemell-Kutvonen さんの言葉／ **tulla osaksi**「一部になる」／ **joka-päiväinen**「毎日の」／ **enempää**「より多くの」［分］＜ enempi ／ **vähempää**「より少ない」［分］＜ vähempi ／ **siinä**「その中に」［内］＜ se

訳例

［一部になること｜人々の毎日の生活の］｜そして［実現すること｜我々それぞれのひそかな願いを］。それ以上でもそれ以下でもない―そこに私は見る｜Marimekkoの未来を。

読んでみよう

5. Marimekkoの根底にあるのは「創造性」「情熱」「直感」そして「自然」

a. Marimekossa luovuus ei esiinny vain sanana juhlapuheissa, vaan se leiskuu arkisessa aherruksessa. Sen tahdissa Marimekko muotoilee ja hengittää, ja sen varassa se kasvaa. Luovuudesta koetetaan pitää kiinni, vaikka talouden ja pörssiyhtiön paineissa se ei aina voi olla helppoa.

b. Intohimon lisäksi tarvitaan vielä intuitiota. Koska luovan ihmisen mat-kaa ei voi ohjata kompassein eikä kartoin, Marimekon tekijät suun-nistavat intuitio majakkanaan.

c. Luonto on muovannut Marimekon muotoilua, ja Marimekko muotoilee tuotteissaan yhä uudestaan uudeksi suomalaista luontoa.　【100/231】

luovuus「創造性」＜luova能現分＜luoda ／ **ei esiinny**「現れない」＜esiintyä ／ **leiskua**「燃え上がる」／ **aherrus**「熱心に働くこと」＜ahertaa ／ **tahti**「テンポ、リズム」／ **varassa**「頼って、支えられて」／ **koetetaan**「しようとする」受現＜koettaa ／ **pitää kiinni**「しがみつく」[＋[出]] ／ **pörssi-yhtiö**「（株式）公開会社」（pörssi「株式市場、証券市場」）／ **paine**「圧力」＜painaa ／ **into-himo**「情熱」／ **intuitio**「直感、直観」／ **kompassein**「コンパスで」[複具]＜kompassi ／ **kartoin**「地図で」[複具]＜kartta ／ **suunnistaa**「方向を決めて向かう」＜suunta ／ **majakkanaan**「自分の灯台として」[様]＋複3所接＜majakka ／ **muovata**「形作る」／ **tuotteissaan**「自らの製品において」[複内]＋単3所接＜tuote ／ **uudeksi**「新しく」[変]＜uusi

a. Marimekkoにおいて創造性は現れるのではない｜ただ祝辞の中の言葉としてだけに、｜そうでなく、それは燃え上がる｜日常の仕事の中で。そのリズムの中でMarimekkoはデザインし呼吸し、｜そして、それに支えられ成長する。創造性を持ち続けようと我々は努めている、｜経済や公開会社の圧力の中では｜それは常に簡単だというわけではないが。

b. 情熱に加え必要だ｜直感も。[なぜなら創造的な人間の旅を導くことはできないから｜コンパスや地図では]、Marimekkoの作者たちは方向を決める｜直感を灯台として。

c. 自然は形作る｜Marimekkoのデザインを、｜そして、Marimekkoはデザインする｜その製品の中において｜繰り返し｜新しく｜フィンランドの自然を。

6. フィンランド建築と言ったらAlvar Aalto

Alvar Aallon suunnittelemia julkisia rakennuksia ovat muun muassa Finlandia-talo ja Kulttuuritalo Helsingissä ja Teknillisen korkeakoulun kampus Espoon Otaniemessä. Jyväskylässä Aallon arkkitehtuuria edustavat yliopiston päärakennus, Alvar Aalto -museo ja uimahalli Aalto-Alvari. Alvar Aalto oli modernin arkkitehtuurin taitaja, joka ammensi aineksia töihinsä luonnosta sekä yksinkertaisista, geometrisistä ja toimivista muodoista. Aallon arkkitehtuuri on tunnettua yksityiskohdistaan, uniikeista materiaaleista sekä nerokkaasta valonkäytöstä. 【101/231】

Alvar Aalto（1898-1976）は世界的に有名な建築家・デザイナー／**suunnittelemia**「設計した」動分［複分］＜ suunnitella ／ **ammentaa**「（液体を）すくう、汲む」／ **geometrinen**「幾何学的な」／ **toimiva**「機能的な」／ **yksityis-kohdistaan**「その（建築における）ディテールにより」［複出］＋単3所接＜-kohta ／ **uniikeista**「ユニークな」［複出］＜uniikki ／ **nerokkaasta**「天才的な」［出］＜ nerokas ＜ nero

訳例

　Alvar Aaltoが設計した公共建築は、なかでもHelsinkiのFinlandia-taloやKulttuuritalo、Espoo市Otaniemiの工科大学キャンパスである。Jyväskyläでは Aaltoの建築を代表するのは｜大学本館、Alvar Aalto博物館、そしてAalto-Alvariプールだ。Alvar Aaltoは近代建築の達人である、｜彼は汲み上げた｜題材を｜自分の作品のために｜自然から｜また単純で幾何学的な、そして機能的な形態から。Aaltoの建築は知られている｜そのディテールにより｜独特な素材により｜そして天才的な光の使い方により。

- ［"alvar aalto muotoja ja tarinoita"
（『Alvar Aalto - 形と物語』）という書籍の表紙。
写っているのはAaltoがデザインした
有名な「Savoyの花瓶」］

読んでみよう

7. Aaltoのデザインしたガラスも有名
Suomalainen lasi eroaa suuresti ruotsalaisesta – se on kenties koruttomampaa ja vähemmän yleisöä kosiskelevaa, mutta aivan yhtä hienostunutta ja kiehtovaa. Maailman ehkä tunnetuin lasiesine on Alvar Aallon Savoy-maljakko, joka sai nimensä helsinkiläisestä ravintola Savoysta.

【102/231】

kenties「おそらく」／ **koruttomampaa**「より装飾のない」比［分］＜ koruton ＜ koru ／ **kosiskelevaa**「言い寄るような、媚びるような」能現分［分］＜ kosiskella ＜ kosia ／ **hienostunutta**「洗練された」能過分［分］＜ hienostua ＜ hieno ／ **kiehtovaa**「魅了するような」能現分［分］＜ kiehtoa

　フィンランドのガラスは異なっている｜大きく｜スウェーデンのものとは｜―［それ（フィンランドのガラス）はおそらくより装飾が少ない｜そして、より少なく大衆に媚びるようだ、］｜しかし、まったく同じように洗練され魅力的だ。世界でおそらくもっとも有名なガラス製品はAlvar Aaltoの「Savoyの花瓶」だ、｜それはその名前を得た｜HelsinkiのレストランSavoyから。

8. Aaltoデザインの3本脚スツールJakkara 60はすでに伝説

Kolmijalkainen Aalto-jakkara suunniteltiin tilapäisistuimeksi, mutta siitä tuli muotoiluklassikko, jota on valmistettu yli miljoona kappaletta. L-jalkarakenne patentoitiin vuonna 1933, ja samana vuonna syntyi nelijalkainen jakkara. Pinottaessa tuolien jalat muodostavat kaksoiskierteen, josta on tullut Artekin symboli. Molemmat mallit ovat yhä tuotannossa.

【103/231】

kolmi-jalkainen「3本脚の」／**jakkara**「スツール（背もたれのない椅子）」／**tila-päis-istuin**「一時的な腰掛け」(tila-päinen「一時的な」、istuin「腰かけ」＜istua)／**L-jalka**「L字の形をした脚」／**patentoitiin**「特許で守られた」受過＜patentoida＜patentti／**neli-jalkainen**「4本脚の」／**pinottaessa**「積み重ねるときに」受e不［内］〔時構〕＜pinota＜pino／**kasksois-kierteen**「二重の螺旋を」［属対］＜-kierre／**Artek**はAaltoのデザインした製品を販売する企業／**tuotannossa**「生産中で」［内］＜tuotanto＜tuottaa

　3本脚のAaltoスツールはデザインされた｜一時的な腰かけとして、｜しかしそれはデザインの古典となった、｜それは生産されている｜100万脚以上。L字脚の構造は特許を取得した｜1933年に、｜そして同年には生まれた｜4本脚のスツールが。積み上げると椅子の脚は作り出す｜二重の螺旋を、｜それはArtekのシンボルとなっている。両モデルは今なお生産されている。

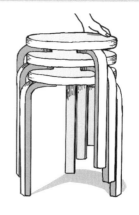

16 無償での助け合い 仕事が終われば、やっぱりサウナへ? Suomi

　フィンランド語のtalkootという単語を目にすると日本の白川郷で茅葺き屋根の葺き替えを村人たちが協力して行う様子を思い起こす。そのような相互扶助のことを「結」と呼ぶそうだが、そんな「結」に相当するものがtalkootかもしれない。どう日本語に訳すか悩んだが、柳田國男の著作の中に「寄合仕事」という表現を見つけたので、それを拝借して「寄合作業」と訳すことにする。

読んでみよう

1. talkootについて、まずは辞書の定義から

kyläkunnan, naapureiden, työtovereiden tms. vapaaehtoinen palkaton työntekotilaisuus, johon tav. liittyy autettavan tarjoama kestitys　【104/231】

単語・表現

talkoo はふつう複数形で使われるが、複合語の第1要素となる場合などはtalkoo-のまま登場する／**kylä-kunta**「村（共同体）」／**tms.=tai muuta sellaista**「〜など」／**vapaa-ehtoinen**「自発的な、ボランティアの」／**palkaton**「無給の」＜palkka／**tav.=tavallisesti**／**autettavan**「助けられる側の」受身分［属］＜auttaa／**tarjoama**「提供する」動分＜tarjota／**kestitys**「ごちそうすること」＜kestittää＝kestitä

訳例

　村共同体、隣人、同僚などによる自発的な無給の作業を行う機会、｜それにはふつう結びついている｜助けてもらう側の提供する食事が

読んでみよう

2. talkootは地方生活の特徴だった

Talkoot lienee tosiaan aiemmin liitetty ennemminkin maalaisyhteisöön, mutta nykyisin talkoot kuuluvat monen kaupunkilaisenkin arkeen.　【105/231】

単語・表現

lienee liitetty「結びつけられていたのかもしれない」［可］受完＜liittää（lienee［可］単3現＜olla）／**ennemmin**「むしろ」／**maalais-**＜maalainen「地方の、田舎の」

　寄合作業というのは確かに以前は結びつけられていたのかもしれない｜どちらかといえば地方の共同体に、｜しかし現在では、寄合作業は含まれている｜多くの都市生活者の日常生活に。

3.「寄合作業」の条件は「報酬なし」「特別な能力も必要なし」

Talkoilla autetaan sukulaista, tuttavaa tai naapuria, hoidetaan oman talo-yhtiön asioita tai tuetaan esimerkiksi urheiluseuran toimintaa. Talkootyöstä ei makseta korvausta eikä se yleensä edellytä erityisosaamista. Työ kestää rajatun ajan ja se on luonteeltaan tilapäistä.

Talkoolaisille ei makseta palkkaa tai muita etuuksia eikä yleensä myöskään kulukorvauksia. Järjestäjä tarjoaa tavallisesti syötävää ja juotavaa ja voi vaikka lämmittää talkoolaisille saunan.　　　　　　　　　　　【106/231】

talo-yhtiö「コンドミニアム、マンション」／**korvaus**「補償、報酬」／**erityis-osaaminen**「特別な能力・技能」／**rajatun**「限られた」受過分［属対］＜rajata／**luonteeltaan**「性質からすると」［奪］＋単3所接＜luonne／**talkoolainen**「talkootに参加する人」／**etuus**「利益、恩恵」＜etu／**kulu-korvaus**「経費の支払い、費用の補償」

　寄合作業により［助ける｜親戚を、知人を、あるいは近所の人を］、｜［処理する｜自分の住んでいる住宅の物事を］｜あるいは、［支援する｜たとえばスポーツ協会の活動を］。寄合作業について報酬は支払われない｜そしてそれはふつう前提としない｜特別な能力を。作業は続く｜限定された時間｜そして、それは性質上一時的なものだ。

　寄合作業に参加する人々には給料は支払われない｜あるいは他の特典も｜そして、ふつうまた経費も（支払われない）。主催者はふつう提供する｜食べ物と飲み物を｜そして、たとえば暖めることもできる｜参加者のために｜サウナを。

4. 特別な能力・技能を使えば料金を請求しないといけない

Erityistä osaamista vaativia töitä ei voi tehdä talkooperiaatteella eikä "vaih-tamalla". Esimerkiksi kirjanpitäjä ja arkkitehti eivät voi tarjota toisilleen omaa työpanostaan vastavuoroisen talkootyön mallilla. Kummankin on laskutettava työstään toista niin, että työ kuuluu normaaliin tapaan kirjan-pidon ja verotuksen piiriin. 【107/231】

単語・表現

vaativia「要求するような」能現分［複分］＜vaatia ／ **periaate**「原則」／ **vaihtamalla**「交換することで」MA不［接］＜vaihtaa ／ **kirjan-pitäjä**「会計士」／ **toisilleen**「たがいへ」［複向］＋複3所接＜toinen ／ **työ-panos**「労働（投入量）」／ **vasta-vuoroinen**「相互の」／ **malli**「モデル、型」／ **kummankin**「どちらも」［属］＜kumpikin ／ **on laskutettava**「請求しなければならない」（laskutettava 受現分＜laskuttaa）／ **toista**「相手に」［分］＜toinen ／ **kirjan-pito**「会計」／ **verotus**「課税」＜verottaa ＜vero ／ **piiri**「範囲、圏」

訳例

　特別な能力・技能を要求する仕事は行うことはできない｜寄合作業の原則によっては｜あるいは「交換することによっては」（行うことはできない）。たとえば会計士と建築家は提供できない｜おたがいに対して｜自らの労働（投入）を｜相互に行う寄合作業のモデルにしたがった形では。どちらも料金を請求しなければならない｜自らの作業について｜もう一方に対して｜そのため、作業は含まれることになる｜通常通りに｜経理と課税の対象に。

読んでみよう

5. 身近なところで寄合作業を始めよう

Häiritseekö lähiympäristön roskaisuus? Haluaisitko toimia puistojen ja luonnon hyväksi? Kaupunkilaisilla on mahdollisuus osallistua erilaisiin talkoisiin yleisillä viheralueilla – siivousta, istuttamista, kitkemistä, kun-nostusta. Näin voit olla mukana huolehtimassa lähiympäristöstäsi ja lisäämässä viihtyisyyttä. 【108/231】

単語・表現

lähi-ympäristö「近隣環境」／ **roskaisuus**「ゴミが多いこと」＜roskainen ＜roska ／ **hyväksi**「～のために」／ **viher-alue**「緑地」／ **istuttamista**「植林」動名［分］＜istuttaa ＜istua ／ **kitkemistä**「除草」動名［分］＜kitkeä ／ **kunnostus**「整備、修繕」＜kunnostaa ＜kunto ／ **huolehtimassa**「世話をして」MA不［内］＜ huolehtia ／ **viihtyisyyttä**「居心地のよさを」［分］＜ viihtyisyys ＜ viihtyisä ＜ viihtyä

（あなたを）困らせていないか｜近隣環境のゴミの多さが。行動したいと思うか｜公園や自然のために。市民には可能性がある｜さまざまな「寄合作業」に参加するための｜公共の緑地において｜―清掃、植栽、除草、整備。こうして、あなたは参加できる｜近隣環境の世話をし、快適さを増やすことに。

6. Helsinkiの寄合清掃は1984年から行われている

Helsingissä siivoustalkoita on järjestetty vuodesta 1984. Kaikki innokkaat kaupunkilaiset voivat järjestää omatoimisia talkoita haluamallaan alueella. Siivouskohteena ovat kaupungin yleiset viheralueet, metsät, rannat, tien pientareet ja puistot. Talkoojärjestäjä ilmoittaa talkoopaikan ja ajankohdan ja saa käyttöönsä roskapihdit ja jätesäkkejä. Myös muita työvälineitä voi mahdollisuuksien mukaan saada lainaan. Välineet toimittaa alueellinen viherurakoitsija. Ilmoittautuessaan talkoojärjestäjä saa alueellisen yhdyshenkilön yhteystiedot ja voi tarvittaessa vielä sopia talkoiden yksityiskohdista. Ilmoittautuminen tulee tehdä viimeistään viikkoa ennen talkoita. Siivoustalkoita voi järjestää ympäri vuoden lumettomaan aikaan. 【109/231】

oma-toiminen「自主的な」／**haluamallaan alueella**「自分が望む地域で」(haluamallaan 動分［接］＋複3所接＜haluta)／**kohde**「対象」／**pientare**（= piennar)「路肩」／**ajan-kohta**「日時、日程」／**pihti**「トング、はさみ状の道具」／**säkki**「袋」／**mahdollisuuksien mukaan**「可能であれば」／**viher-urakoitsija**「緑地管理業者」(urakoitsija「業者、請負人」＜urakoida＜urakka)／**ilmoittautuessaan**「登録するときに」e不［内］＋単3所接〔時構〕＜ilmoittautua＜ilmoittaa／**yhdys-henkilö**「連絡担当者」／**yhteys-tieto**「連絡先」／**tarvittaessa**「必要なときに」受e不［内］〔時構〕＜tarvita／**lumeton**「雪のない」＜lumi

Helsinkiでは寄合清掃は開催されてきた｜1984年から。すべての熱心な市民は開催できる｜自発的な寄合作業を｜自分の望む地域で。清掃の対象としては市の公共緑地、森林、岸辺、路肩、そして公園がある。寄合作業の主催者は知らせる｜寄合作業の場所と時間を｜そして利用できる｜ゴミばさみとごみ袋を。また他の道具も｜可能であれば｜借りられる。道具は手配する｜地域の

緑地管理業者が。申し込みするときに｜寄合作業の主催者は受け取る｜地域の連絡担当者の連絡先を｜そして、必要であればできる｜さらに調整することができる｜寄合作業の詳細について。申し込みはしなければならない｜［遅くとも1週間前に｜寄合作業の］。寄合清掃は開催できる｜一年中｜雪のない時期に。

読んでみよう

7. talkootは借用語だった！

Sana talkoot on lainattu balttilaisista kielistä, ja siellä lainan lähtömuotoa vastaa nykylatvian talkootyötä, talkooväkeä tai talkookestitystä tarkoittava talka (myös liettuassa on vastaava sana). Verbi talkoistaa on tuore: se on tullut käyttöön 2010-luvulla. Talkoistettaessa annetaan jokin tehtävä suoritettavaksi tai ongelma ratkaistavaksi ennalta määrittelemättömälle joukolle avoimen kutsun avulla. Talkoista on talkoistamisessa jäljellä myös se, ettei työstä saa rahallista korvausta. 【110/231】

単語・表現

on lainattu「借用されている」受完 < lainata < laina ／ **balttilainen**「バルト系の」(「バルト系言語」とはラトビア語とリトアニア語や、これらの言語の祖先のことをさす) ／ **tarkoittava**「意味するような」能現分 < tarkoittaa ／ **vastaava**「対応するような」能現分 < vastata ／ **talkoistaa**はtalkootから作られた新語／ **talkoistettaessa**「talkoistaaするときには」受e不［内］〔時構〕< talkoistaa ／ **antaa suoritettavaksi**「遂行させる」(suoritettavaksi 受現分［変］< suorittaa) ／ **antaa ratkaistavaksi**「解決させる」(ratkaistavaksi 受現分［変］< ratkaista) ／ **ennalta**「事前に」／ **määrittelemättömälle**「不明確な、特定されないような」否分［向］< määritellä ／ **talkoistamisessa**「talkoistaaすることの中に」動名［内］< talkoistaa ／ **jäljellä**「残って」［接］< jälki

訳例

　talkootという語は借用された｜バルト系言語から、｜そして、そこでは借用語の元の形に相当する｜現在のラトビア語の「寄合作業」、「寄合集団」、あるいは「寄合のごちそう」を意味するtalkaという語が (リトアニア語にも同様の語がある)。talkoistaaという動詞は新しい：それは2010年代に使われるようになった。talkoistaaするというときには、［何らかの作業を遂行させる｜あるいは問題を解決させる｜事前に特定しない集団に対して｜公開の呼びかけにより］。talkoot「寄合作業」(という語が持つ意味) のうち、talkoistaaするという場合にはまた残っている｜作業については金銭的報酬を受け取らないということが。

フィンランドは、というよりも世界の大多数の国は多言語社会。自分の言語を使い、そして発展させることは人権の一つである。

読んでみよう

1. Suomen perustuslaki 17 § 「フィンランド基本法」第17条
Oikeus omaan kieleen ja kulttuuriin
Suomen kansalliskielet ovat suomi ja ruotsi.
Jokaisen oikeus käyttää tuomioistuimessa ja muussa viranomaisessa asiassaan omaa kieltään, joko suomea tai ruotsia, sekä saada toimituskirjansa tällä kielellä turvataan lailla. Julkisen vallan on huolehdittava maan suomen- ja ruotsinkielisen väestön sivistyksellisistä ja yhteiskunnallisista tarpeista samanlaisten perusteiden mukaan. 【111/231】

単語・表現

kansallis-kieli「国語」(kansallis-＜kansallinen)／**Jokaisen oikeus** [käyttää tuomioistuimessa ja muussa viranomaisessa asiassaan omaa kieltään, joko suomea tai ruotsia], sekä [saada toimituskirjansa tällä kielellä] **turvataan lailla.** この文の述語動詞はturvataan「保障される」(受現＜turvata)。フィンランド語の受動形に主語はないので、文法的には目的語となるのが最初のJokaisen oikeus「各人の権利」。つまり、この文の骨組みは**Jokaisen oikeus turvataan lailla.**「各人の権利は法により保障される」となる。2つの [ ] はkäyttääと saadaというA不定詞で始まっているが、これらは前にある名詞oikeus「権利」を修飾し「〜を使い、そして…を得る権利」という意味／**tuomio-istuin**「裁判所」(tuomio「審判、判決」、istuin「公機関；腰かけ、玉座」＜istua)／**viranomainen**「公的機関、公権力、当局」／**asiassaan**「自らの用件において」[内]＋単3所接＜asia／**sekä**「そして」(ここでsekä「そして」が並べているのはkäyttääと saada。一方、一行上のjaが並べているのはtuomio-istuimessaと muussa viranomaisessa)／**toimitus-kirjansa**「自らの公文書を」[属対]＋単3所接＜-kirja／**lailla**「法により」[接]＜laki／**julkisen vallan on huolehdittava**「公権力は配慮しなければならない」(julkisen vallan [属]＜julkinen valta、huolehdittava 受現分＜huolehtia)／**väestö**「人口、住民」＜väki／**sivistyksellinen**「文化的な」＜sivistys／**yhteis-kunnallinen**「社会的な」＜yhteis-kunta／**tarpeista**「必要性について」[複出]＜tarve／**perusteiden mukaan**「基準にしたがって」(perusteiden [複属]＜peruste)

みずからの言語と文化に対する権利

フィンランドの国語はフィンランド語とスウェーデン語である。

すべての人間の権利は｜［使うための｜裁判所やその他の公的機関において｜自らの用件において｜自らの言語を、｜フィンランド語あるいはスウェーデン語を］、｜そして、［受け取るための（権利は）｜公的文書をこの言語で］｜法により保障される。公権力は配慮しなければならない｜国のフィンランド語系とスウェーデン語系住民の文化的、そして社会的な必要性について｜同等の基準にしたがって。

読んでみよう

2. Suomen perustuslaki 17 §「フィンランド基本法」第17条（続き）
Saamelaisilla alkuperäiskansana sekä romaneilla ja muilla ryhmillä on oikeus ylläpitää ja kehittää omaa kieltään ja kulttuuriaan. Saamelaisten oikeudesta käyttää saamen kieltä viranomaisessa säädetään lailla. Viittomakieltä käyttävien sekä vammaisuuden vuoksi tulkitsemis- ja käännösapua tarvitsevien oikeudet turvataan lailla.　【112/231】

単語・表現

alku-peräis-kansa「先住民族」（alku-peräis-＜alku-peräinen「本来の、先住の」＜alku-perä）／**ylläpitää**＝**pitää yllä**「維持する」／**säädetään**「制定される」受現＜säätää／**viittoma-kieli**「手話言語」／**käyttävien**「使うような人たちの」能現分［複属］＜käyttää／**vammaisuus**「障害があること」＜vammainen＜vamma／**tulkitsemis-**「通訳すること」＜tulkitseminen 動名＜tulkita／**käännös**「翻訳」＜kääntää／**tarvitsevien**「必要とする人たちの」能現分［複属］＜tarvita

訳例

先住民族としてのサーミ人、そしてロマ人やその他の集団には権利がある｜維持し発展さるための｜自らの言語と文化を。［サーミ人の権利については｜使うための｜サーミ語を｜公的機関において］｜法により定める。手話を使用する人々の、そして障害のために通訳や翻訳の助けを必要とする人々の権利は法により保障される。

補足

1995年に当時のhallitusmuoto「政体法」が改正され、2つの国語に加えサーミ人やロマ人、手話に言及されることになった。フィンランドが多言語の社会であり、言語に対する権利が人権であるという考え方を明確に示すことになった条文。

3. Kielilaki 5 §「言語法」第5条
Kielellinen jaotus
Kielellisen jaotuksen perusyksikkö on kunta. Kunta on joko yksikielinen tai kaksikielinen. Valtioneuvoston asetuksella säädetään joka kymmenes vuosi virallisen tilaston perusteella, mitkä kunnat ovat kaksikielisiä ja mikä on näiden kuntien enemmistön kieli sekä mitkä kunnat ovat suomen- tai ruotsinkielisiä yksikielisiä kuntia. 　　　　　【113/231】

jaotus「区分、分類」＜jaottaa ＜jakaa ／ **perus-**「基本的な」／ **yksikkö**「単位」＜yksi ／ **kunta**「自治体」／ **valtio-neuvosto**「国家評議会、政府」／ **asetus**「政令」／ **virallinen**「公式の」／ **tilasto**「統計」／ **perusteella**「～を根拠に」＜peruste ／ **enemmistö**「多数派」

言語上の区分
　言語上の区分の基本単位は自治体である。自治体は単一言語、あるいは二言語のいずれかである。政令により決定される｜10年ごとに｜公式の統計にもとづき、｜［どの自治体が二言語なのか｜そして、それら自治体の多数派言語は何であるのか｜さらに、どの自治体がフィンランド語あるいはスウェーデン語の単一言語自治体であるのかが］。

　2022年の時点で309の自治体のうちスウェーデン語単一言語自治体は16、二言語自治体は33。残りはフィンランド語単一言語自治体ということになる。

4. Kielilaki 5 §「言語法」第5条（続き）
Kunta on säädettävä kaksikieliseksi, jos kunnassa on sekä suomen- että ruotsinkielisiä asukkaita ja vähemmistö on vähintään kahdeksan prosenttia asukkaista tai vähintään 3 000 asukasta. Kaksikielinen kunta on säädettävä yksikieliseksi, jos vähemmistö on alle 3 000 asukasta ja sen osuus on laskenut alle kuuden prosentin. 　　　　　【114/231】

on säädettävä「制定しなければならない」（säädettävä 受現分＜säätää）／ **vähemmistö**「少数派」
／ **vähintään**「少なくとも」⇔ enintään／ **osuus**「割合」＜ osa

訳例

　自治体は二言語と定めなければならない、｜もし自治体内にフィンランド語系住民とスウェー
デン語系住民の両方が存在し｜少数派が少なくとも住民のうち8％いれば｜あるいは少なくとも
3,000人いれば。二言語自治体は定められなければならない｜単一言語自治体だと、｜もし少数派
が3,000人未満となり｜その割合が6％未満に下がると。

読んでみよう

5. Laki saamelaiskärjistä 1§「サーミ議会に関する法」第1条
Lain tarkoitus

Saamelaisilla alkuperäiskansana on saamelaisten kotiseutualueella omaa
kieltään ja kulttuuriaan koskeva itsehallinto sen mukaan kuin tässä laissa
ja muualla laissa säädetään. Tähän itsehallintoon kuuluvia tehtäviä varten
saamelaiset valitsevat vaaleilla keskuudestaan saamelaiskäräjät.　【115/231】

単語・表現

saamelais-käräjät「サーミ議会」（käräjät「議会；下級裁判所」）／ **saamelaisten koti-seutu-
alue**「サーミ人郷土地域」（フィンランド北部のEnon-tekiö、Inari、Uts-jokiの3つの自治体と、Sodan-
kylä自治体の中に位置するラップ・トナカイ飼育者協会の地域）／ **koskeva**「関わるような」能現分
＜koskea／ **itse-hallinto**「自治」／ **sen mukaan kuin** ~「～にしたがって」／ **kuuluvia**「属する
ような」能現分[複分]＜kuulua／ **keskuudestaan**「自らの中から」＜keskuudesta＋複3所接
⇒ keskuudessa, keskuuteen

訳例

法の目的

　先住民族としてサーミ人には｜サーミ人郷土地域において｜自らの言語と文化に関わる自治が
ある｜［（以下のことに）したがって｜この法律および他の場所で｜法律の中で定めることに］。この
自治に含まれる役割のために｜サーミ人たちは選ぶ｜選挙により｜自分たちの中から｜サーミ議会
を。

6. Viittomakielilaki 1 §：Viittomakieli　「手話言語法」第1条：手話言語

Tässä laissa tarkoitetaan viittomakielellä suomalaista ja suomenruotsalaista viittomakieltä.

Viittomakieltä käyttävällä tarkoitetaan henkilöä, jonka oma kieli on viittomakieli. 【116/231】

単語・表現

suomalainen viittoma-kieli「フィンランド手話」／**suomen-ruotsalainen viittoma-kieli**「スウェーデン語系フィンランド手話」／**käyttävällä**「使う人間（という語）により」能現分［接］＜käyttää

訳例

　この法律においては意味する｜手話言語（という語）により｜フィンランド手話とスウェーデン語系フィンランド手話のことを。

　手話を使う人間（という語）により意味する｜人物を、｜その人の自言語は手話言語である。

補足

　なぜフィンランド手話に二種類あるのかについては、手前味噌だが拙著（『「言の葉」のフィンランド―言語地域研究序論』東海大学出版会、2008、pp.348-353）を参照。

7. Viittomakielilaki 2 §：Lain tarkoitus　「手話言語法」第2条：法の目的

Tämän lain tarkoituksena on edistää viittomakieltä käyttävän kielellisten oikeuksien toteutumista. 【117/231】

単語・表現

käyttävän「使う人の」能現分［属］＜ käyttää／**toteutumista**「実現することを」動名［分］＜ toteutua

訳例

　この法律の目的は促進することだ｜手話言語を使う人の言語的権利の実現を。

18 スウェーデン語系フィンランド人

「少数派」ではない少数派

スウェーデンの一部だったフィンランドは1809年にロシアへ割譲される。その中で生まれた「スウェーデン語系フィンランド人」のアイデンティティとは何なのか。

読んでみよう

1. フィンランドにはスカンジナビアからの移住がずっと昔から

　Vakituinen asutus Suomen alueella on muodostunut hitaasti, ja siihen on liittynyt useiden erilaisten kielten ja kulttuurien kohtaamisia. Tässä vuorovaikutuksessa Skandinavian asukkailla on ollut merkittävä rooli, joka selkeästi edeltää 1100-luvulla alkanutta Suomen alueen liittämistä Ruotsin valtakuntaan.　　　　　　　　　　　　　　　【118/231】

単語・表現

vakituinen=vakinainen「固定的な、継続的な」／**asutus**「居住」＜asuttaa／**muodostua**「形成される」＜muodostaa＜muoto／**kohtaamisia**「出会いが」動名［複分］＜kohdata／**vuoro-vaikutus**「相互作用、交流」／**asukkailla**「居住者たちに」［複接］＜asukas／**merkittävä**「重要な」／**rooli**「役割」／**selkeästi**「明らかに」／**edeltää**「先行する」＜esi／**alkanutta**「始まったような」能過分［分］＜alkaa／**Suomen alueen liittämistä Ruotsin valta-kuntaan**「フィンランド地域のスウェーデン国家への編入に」（liittämistä 動名［分］＜liittää）

訳例

　[継続的な居住は｜フィンランド地域における] ゆっくりと形成された、｜そして、[それには関係してきた｜多くの異なる言語や文化の出会いが]。この交流においては｜スカンジナビアの居住者には重要な役割があった、｜それは明らかに [先行している｜1100年代に始まったフィンランド地域の編入に｜スウェーデン国家への]。

補足

　スカンジナビアの居住者とは、現在のスウェーデン語やノルウェー語の祖先となる言語を話していた人たちをさす。また、現在のフィンランドがスウェーデンに編入されて以来、フィンランドにおける公用語はスウェーデン語となり、フィンランドが1809年にロシアに割譲された後もスウェーデン語は公用語であり続けていた。そして、現在もスウェーデン語はフィンランドの国語である。

2. やっと1863年にフィンランド語もスウェーデン語と並んで公用語に

Keisari Aleksanteri II:n vieraillessa Parolassa 1863 Snellman luovutti keisa-rille esityksensä suomen kielen aseman kohottamiseksi; …… Aleksanteri II allekirjoitti kieliasetuksen vuona 1863, mikä merkitsi käännettä Suomen kielioloissa. Suomen kieli tuli tasaveroiseksi kieleksi ruotsin rinnalle. 【119/231】

keisari Aleksanteri II（1818-1881）「ロシア皇帝アレクサンドル2世」はフィンランド大公であった（II=toinen）／ **vieraillessa**「訪れた時に」e不［内］〔時構〕＜ vierailla ／ **Parola** は Helsinki の北112キロ、Hämeenlinna の北12キロに位置する町／ **Snellman** については84ページのテキスト7を参照／ **luovuttaa**「渡す、譲る」＜ luopua ／ **kohottamiseksi**「高めるために」動名［変］＜ kohottaa ／ **alle-kirjoittaa**「署名する」／ **mikä**「それは」［関代］（前の節全体の内容を受ける）／ **käänne**「転機」＜ kääntää ／ **kieli-olo**「言語状況」／ **tasa-veroinen**「対等の」／ **rinnalle**「並んで、加えて」⇒ rinnalla, rinnalta

　［皇帝アレクサンドル2世が訪問したときに｜Parola を1863年に］｜Snellman は皇帝に手渡した｜［自らの提案を｜フィンランド語の地位を高めるために］；……アレクサンドル2世は署名した｜言語令に｜1863年に、｜［それは転機を意味した｜フィンランドの言語状況における］。フィンランド語は同等な言語となった｜スウェーデン語と並んで。

　その後、フィンランド語にもとづく民族確立運動が激しくなり、同時にスウェーデン語を排斥しようとする動きも高まっていく。

3.「スウェーデン語系フィンランド人」というアイデンティティの誕生

Vaikka Suomessa uskotaan olleen ruotsinkielistä asutusta jo ennen 1000-lukua, omasta kielellisestä vähemmistöasemastaan tietoinen suomenruotsalainen identiteetti alkoi muotoutua vasta 1800-luvulla. Suomen ruotsalaisuuden aatteellisen synnyn taustalla vaikutti se tukala asema, johon ruotsinkielinen Suomi oli jo J. V. Snellmanin kansallisen ohjelman vuoksi joutumassa. Snellmanin kansallisen ohjelman – ja sitä seuranneen fennomaanisen liikkeen – peruskivenä oli näkemys, jonka mukaan kansallistunne ja kansallistietoisuus syntyy yhteisestä kielestä. Siksi jokaisen valtion tuli vaalia omaa kieltään. Tämän näkemyksen mukaan Suomesta tuli kehittää yksikielinen, suomenkielinen kansakunta. 【120/231】

単語・表現

uskotaan olleen〜「〜があったと信じられている」〔分構〕(olleen 能過分［属］< olla)／**tietoinen**「自覚的な」／**muotoutua**「形を成す、形成される」< muoto／**aatteellinen**「思想上の」< aate／**tukala**「面倒な、悲惨な」／**kansallinen ohjelma**「民族プログラム」(Snellmanによるフィンランド民族確立のための計画)／**joutua**「陥る」／**seuranneen**「続いた」能過分［属］< seurata／**fennomaaninen liike**「フェンノマニア運動」(とくにフィンランド語の地位向上をめざす運動)／**perus-kivi**「礎石」／**kansallis-tunne**「民族(国民)精神」／**kansallis-tietoisuus**「民族(国民)的自覚」／**vaalia**「大切にする」／**kansa-kunta**「ネーション(国家、国民、民族)」

訳例

　[フィンランドにはあったと信じられているが｜スウェーデン語系の人々の居住が｜すでに1000年代以前には、]｜自らの言語的少数派としての地位に自覚的なスウェーデン語系フィンランド人のアイデンティティは形成され始めた｜1800年代になってやっと。フィンランドにおいてスウェーデン語系であることの思想的誕生の背景では影響を与えた｜[不安定な地位が、｜そこへスウェーデン語系フィンランドはすでに J. V. Snellman の民族プログラムのために陥ろうとしていた]。Snellman の民族プログラム｜―そしてそれに続いたフェノマニア運動―の礎となったのは考え方だった｜それによれば民族精神や民族意識は共通の言語から生まれる。だから、それぞれの国家は大切にしなければならなかった｜自らの言語を。この考え方によれば、フィンランドは発展させなければならなかった｜単一言語の、フィンランド語によるネーションへと。

　一方、Snellman をはじめフィンランド語を擁護した人々の多数がスウェーデン語系の人々だったことにも注意しておきたい。

読んでみよう

4. オーランドのスウェーデン編入やスウェーデン語系の自治の提案も

Syntyi ajatus väestöryhmän itsehallinnosta ja ruotsalaisseutujen alueellisesta autonomiasta. Jopa ajatus liittymisestä Ruotsiin nosti päätään, eli niin sanottua irredentismiä esiintyi. ……Ahvenanmaan väestö ilmaisi elokuussa 1917 ja uudelleen vuoden 1918 alussa halunsa liittyä Ruotsiin. Lopulta asia jätettiin Kansainliiton ratkaistavaksi. Päätös vuodelta 1921 oli Suomelle myönteinen sillä ehdolla, että Ahvenanmaan ruotsinkielisyys ja asema demilitarisoituna alueena taattiin. 【121/231】

単語・表現

väestö-ryhmä「人口集団」(ここでは「スウェーデン語系住民」のこと)／**itse-hallinto**= **autonomia**「自治」／**liittymisestä**「編入されることについて」動名[出] < liittyä／ **irredentismi**「領土回復主義」(ここでは Ahvenanmaa/Åland「オーランド」をスウェーデンに編 入させること。「オーランド」はスウェーデンとフィンランドの間に位置する群島だが、住民の ほとんどはスウェーデン語系である／**jättää Kansain-liiton ratkaistavaksi**「国際連盟の決定 に委ねる」(Kansain-liitto「国際連盟」、ratkaistavaksi 受現分[変] < ratkaista)／**sillä ehdolla, että ~**「〜という条件で」／**demilitarisoituna**「非武装化された状態で」受過分[様] < demilitarisoida／**taattiin**「保証された」受過 < taata

訳例

　考えが生まれた｜(スウェーデン語系)住民集団の自治とスウェーデン語系地域の地域的な自治 についての。スウェーデンへの編入という考えさえ頭をもたげ、｜つまり、いわゆる「領土回復主 義」が。…… オーランドの住民たちは表明した｜1917年8月に｜そして、あらためて1918年の初 めに｜スウェーデンに加わりたいという希望を。最終的に問題は委ねられた｜国際連盟が裁定す るように。1921年の決定はフィンランドにとって好意的だった｜[(次のことを)条件として、｜オ ーランドがスウェーデン語地域であることと非武装地帯としての地位を保証することを]。

読んでみよう

5. 二つの言語の平等は1919年に明確に規定された
Kielten samanvertaisuus vahvistettiin vuoden 1919 valtiosäännössä ja vuoden 1922 kielilaissa. Maasta tuli virallisesti kaksikielinen. Ruotsin kieli ei siis ole vähemmistökielen asemassa Suomessa vaan on tasavertainen suomen kielen kanssa. 【122/231】

単語・表現

saman-vertaisuus「同等性、平等性」< saman-vertainen／**valtio-sääntö**「憲法(規定)」(具体 的には当時の hallitus-muoto「政体法」第14条のこと)

訳例

　言語（フィンランド語とスウェーデン語）の平等は承認された｜1919年の憲法規定と1922年の言語法において。フィンランドは公式に二言語（国家）となった。スウェーデン語はつまり少数派言語の地位にあるのではなく｜フィンランドにおいては｜そうではなく対等なのである｜フィンランド語と。

　しかし、1930年代に国際情勢が緊迫し、フィンランドの国内統合を強く求める人々の間では、フィンランド語を擁護しスウェーデン語を排除しようとする動きが目立つようになる。

読んでみよう

6. それでも、1930年代には激しいスウェーデン語排斥運動が

Aitosuomalaisten mukaan ruotsin kielellä voitaisiin hoitaa asioita paikal-lishallinnossa, mutta muuten maan tulisi olla puhtaasti suomenkielinen.

【123/231】

単語・表現

aito-suomalainen「aito-suomalaisuus の支持者」（aito-suomalaisuus「真正フィンランド主義」とは第一次大戦後にフィンランドで活発になった熱烈なフィンランド語擁護運動であり、とくに Helsinki 大学のフィンランド語化を強く主張するとともにスウェーデン語排斥を主張した）／ **voitaisiin**「できるだろう」［条］受現＜voida ／ **paikallis-hallinto**「地方行政」／ **puhtaaksi**「純粋に」［変］<puhdas

訳例

　真正フィンランド主義者たちによれば、スウェーデン語で物事を処理することができるだろう｜地方行政においては、｜しかし、それを除けば国（フィンランド）はあるべきである｜純粋にフィンランド語系（の国家）で。

読んでみよう

7. フィンランドを取り巻く国際情勢がフィンランドを一つに

Maan turvallisuuteen ja ulkopoliittiseen kurssiin liittyvien kysymysten varastaessa yleisen mielipiteen ja päättäjien huomion aitosuomalaiset – missä he vaikuttivatkin – olivat jäämässä johtajiksi ilman joukkoja ja huutavan ääneksi korvessa. ……: maan turvallisuus ja kansallinen eheys asetettiin muiden kysymysten edelle.

【124/231】

turvallisuus「安全保障」／**liittyvien**「関係するような」能現分［複属］＜ liittyä ／ **varastaessa**「盗む間に」e不［内］〔時構〕＜varastaa ／ **yleinen mieli-pide**「世論」／ **päättäjä**「（意志）決定者」＜päättää ／ **missä he vaikuttivatkin**「彼らがどこで影響を与えていたとしても」／ **olivat jäämässä**「なろうとしていた」／ **joukko**「部隊」／ **huutavan ääni korvessa**「荒野で叫ぶ者の声」（聖書に登場する表現だが、ここでは「耳を傾ける者がいない」という意味）／ **eheys**「一体性、統合」＜eheä＝ehjä ／ **asetettiin**「置かれた」受過＜asettaa ／ **asettaa edelle**「優先させる（「前に置く」）」

訳例

　［国の安全保障と外交政策の方針に関係する問題がかすめ取る間に｜世論と意思決定者の注目を］｜真正フィンランド主義者たちは｜―彼らがどこで影響力をもっていようと―｜［なってしまおうとしていた｜部隊のない指揮官に｜そして荒れ地で叫ぶ者の声に（なってしまおうとしていた）］。……：国の安全保障と国家の統合が置かれた｜他の問題の前へと（前へ置かれた＝優先された）。

　さらに1939年以降のソ連との戦争（冬戦争と継続戦争）を戦うなかで、「二言語による一民族」という概念が確立されたとも言われる。

読んでみよう

8. 冬戦争と継続戦争により言語の壁を乗り越えたフィンランド人

Aitosuomalainen liikehdintä asetti yhtenäisyyden koetukselle vielä 1930-luvulla, mutta Talvisota ja Jatkosota yhdistivät väestöryhmät yhteisen tavoitteen taakse tehden lopun julkisesta kieliriidasta. 【125/231】

単語・表現

liikehdintä「運動」＜liikehtiä＜liike ／ **yhtenäisyys**「結束、連帯」＜yhtenäinen＜yksi ／ **koetus**「試練」＜koettaa ／ **yhdistää**「結びつける」＜yksi ／ **tehden**「することにより」e不［具］＜tehdä ／ **tehdä loppu**「終わらせる」（＋［出］）／ **kieli-riita**「言語闘争」

訳例

　真正フィンランド主義運動はさらした｜（フィンランド人の）結束を試練に｜さらに1930年代に、｜しかし、冬戦争と継続戦争が（フィンランド語系とスウェーデン語系）住民集団を一つに結びつけた｜共通の目標のもとに｜［終わらせることにより｜公の言語闘争を］。

しかし、現在でもスウェーデン語に対して批判的な目を向ける人々は少なくなく、とくに学校教育における「必修スウェーデン語」を廃止するよう訴える声はそれなりの支持を得ている。

読んでみよう

9. 「必修スウェーデン語」に反対する国民発議―その主張の一部

Suomessa kielivaatimukset ovat maailman tiukimmat. Jokaisen ammattiin opiskelevan on opiskeltava ja osattava vähintään kahta itselle vierasta kieltä ja asiantuntija-ammateissa toimivilta odotetaan lisäksi kolmannen vieraan kielen osaamista. Tämä johtuu siitä, että koulutusjärjestelmässämme jokaisen suomenkielisen on opiskeltava ruotsia pakollisena kielenä.

【126/231】

単語・表現

tiukimmat「もっとも厳しい」最［複主］＜tiukka「厳しい」／ **jokaisen ammattiin opiskelevan on opiskeltava**「就職のために勉強するすべての者は勉強しなければならない」(opiskelevan 能現分［属］、opiskeltava 受現分＜opiskella)／ **osattava** 受現分＜osata ／ **toimivilta**「活動する者たちから」能現分［複奪］＜toimia ／ **odotetaan**「期待される」受現＜odottaa ／ **kolmannen**「3番目の」［属］＜kolmas ／ **johtuu siitä, että ~**「～のせいだ」／ **pakollinen**「義務的な」＜pakko

訳例

フィンランドでは言語要件は世界でもっとも厳しい。就職のために勉強するすべての人は［学び、使えなければならない｜少なくとも2つの自分にとっての異言語を］、そして［専門的な職業において働く者は期待される｜加えて第3の異言語の能力が］。これは由来する｜［我々の教育制度においては、すべてのフィンランド語系の人間が勉強しなければならないことに｜スウェーデン語を必修科目として］。

- ［Åを捨ててしまえ―フィンランド語では使われないåという文字、その名前はフィンランド語では ruotsalainen o「スウェーデン語の o」。「必修スウェーデン語はやめろ」運動を象徴するデザイン］

Wikipedia
https://ja.m.wikipedia.org/wiki/%E3%83%95%E3%82%A1%
E3%82%A4%E3%83%AB:Pois_pakkoruotsi.svg

10. さてフィンランド語系はスウェーデン語系の権利を保障するのか？

On historiallinen tosiasia, että aikanaan ruotsinkieliset halusivat turvata ja parantaa suomenkielisten kansalaisten oikeutta omaan kieleensä. Nyt vaikuttaa mahdolliselta, että Suomelle kulttuurihistoriallisesti merkittävästä ruotsista voi muodostua syrjitty vähemmistökieli. Jos kahden kielen pitkä rinnakkaiselo samassa kulttuurissa vaarantuu, on kulttuurisen, taloudellisen ja poliittisen valta-aseman saavuttaneen suomenkielisen enemmistön tehtävä päätös, haluaako se vuorostaan turvata perinteisen kielivähemmistön oikeudet.　　　　　　　　　　【127/231】

tosi-asia「事実」／**aikanaan**「かつて」／**turvata**「守る」／**parantaa**「改善する」／**omaan kieleensä**「自言語に対する」(kieleensä［入］＋複3所接)／**vaikuttaa**「〜のようだ」[＋［奪]]／**Suomelle kulttuuri-historiallisesti merkkittävästä ruotsista**「フィンランドにとって文化史的に重要なスウェーデン語から」／**syrjitty**「差別された」受過分＜syrjiä／**rinnakkais-elo**「共存」／**vaarantua**「危険にさらされる」＜vaarantaa＜vaara／**on [...enemmistön] tehtävä päätös**「[…多数派は]決定をしなければならない」(tehtävä 受現分＜tehdä)／**kulttuurisen, taloudellisen ja poliittisen valta-aseman saavuttaneen suomen-kielisen enemmistön**「文化的、経済的、そして政治的な支配的地位を獲得したフィンランド語系多数派は」(valta-asema「支配的地位」、saavuttaneen「獲得したような」能過分［属］＜saavuttaa)／**vuorostaan**「今度は」＜vuoro

　歴史的な事実である｜［かつてスウェーデン語系の人々が保障し改善したいと思ったことは｜フィンランド語系住民の自言語に対する権利を］。今ではありうるようだ、｜［フィンランドにとって文化史的に重要なスウェーデン語がなることが｜差別された少数派言語に］。もし［2つの言語の長い間の共存が｜同じ文化の中における］｜危うくなれば、｜文化的、経済的、そして政治的な支配的地位を獲得したフィンランド語系の多数派は｜決定をしなければならない、｜［望むのかどうか｜今度は｜保障することを｜伝統的な言語的少数派（であるスウェーデン語系）の権利を］。

19 自らの言語と文化に対する自治

フィンランド、スウェーデン、ノルウェー、そしてロシアに存在するサーミ人。北欧諸国では明確に先住民族として認められている。

読んでみよう

1. 1910年にサーミ人自身が書いた書籍の冒頭部分の一部

Jos saamelainen tulee tunkkaiseen huoneilmaan, niin hän ei ymmärrä paljon mitään, kun tuuli ei pääse puhaltamaan vastaan naamaa. Hänen ajatuksensa eivät liiku, kun on seinät ympärillä ja ummehtunutta ympäriinsä. Eikä hänelle ole hyväksi oleksia sakeissa metsissä missä on lämmin ilma. Mutta kun saamelainen on korkeiden vaarojen päällä, niin hänellä on koko lailla kirkas järki: ja jos kokouspaikka olisi jossakin tunturin laella, saattaisi saamelainen selvittää asiansa jokseenkin hyvin. 【128/231】

単語・表現

これは Johan Turi（1854-1936）というサーミ人が書いた *Muitalus sámiid birra*『サーミ人についての話』のフィンランド語訳の冒頭の一部／ **tunkkainen**「息苦しい、どんよりした」／ **vastaan**「〜に対して、〜に向かって」／ **naama**「面（つら）、顔」／ **ummehtunutta**「（閉め切っていたため）むっとするような」能過分［分］＜ummehtua／ **eikä hänelle ole hyväksi**「そして、サーミ人にとってはよくない」／ **oleksia**＝oleilla「（何もせずに）いる」／ **sakea**「うっそうとした」／ **vaarojen päällä**「山の上で」(vaarojen［複属］＜vaara)／ **koko lailla**「かなり、むしろ」／ **järki**「理性」／ **laella**「頂上で」＜laki／ **saattaisi**「できるだろう」［条］単3＜saattaa／ **jokseenkin**「かなり、ほとんど」

訳例

もしサーミ人がむっとする部屋の空気の中に来ると、｜そうするとサーミ人はほとんど何も理解できない、｜風が鼻っ面に吹きつけていないので。サーミ人の考えは進まない、｜周りに壁があり息苦しいと。またサーミ人にとってはよくない｜うっそうとした森の中にいることも｜そこでは空気が暖かい。しかし、サーミ人は高い山の上にいるときは、｜そうすれば、サーミ人はかなり明確な理性をもっている｜：そして、もし会合の場がどこか丘陵の頂にでもあれば、｜サーミ人はできるだろう｜自分の物事を明確にすることが｜かなりうまく。

2. サーミ人の地位は1995年に基本法（憲法）レベルで明確に

Saamelaisten asema kirjattiin Suomen perustuslakiin vuonna 1995. Saamelaisilla alkuperäiskansana on oikeus ylläpitää ja kehittää kieltään ja kulttuuriaan sekä siihen kuuluvia perinteisiä elinkeinojaan. Saamen kielen käytöstä viranomaisissa on säädetty oma laki. Saamelaisilla on ollut vuodesta 1996 lähtien kotiseutualueellaan kieltään ja kulttuuriaan koskeva perustuslain mukainen itsehallinto. Saamelaisten itsehallintoon kuuluvia tehtäviä hoitaa saamelaisten vaaleilla valitsema parlamentti, Saamelaiskäräjät. 【129/231】

kirjata「記す」／**kuuluvia**「含まれるような」能現分［複分］＜kuulua／**elin-keino**「生業」／**koti-seutu-alue**「郷土地域」（101ページのテキスト5を参照）／**koskeva**「関わるような」能現分＜koskea／**valitsema**「〜が選んだような」動分＜valita／**parlamentti**「議会」

　サーミ人の地位は明記された｜フィンランド基本法に｜1995年に。先住民族としてのサーミ人には権利がある｜維持し発展させるための｜自分たちの言語や文化、そして、それに含まれる伝統的な生業を。［サーミ語の使用については｜公的機関における］｜制定されている｜独自の法が。サーミ人たちにはある｜1996年以降｜サーミ人郷土地域において｜自分たちの言語と文化に関する｜基本法に則った自治（権）が。サーミ人の自治に含まれる役割を処理する｜サーミ人たちが選挙によって選ぶ議会が、｜（つまり）サーミ議会が。

3. サーミ人は4つの国に10万人ほど存在する

Suomessa on noin 10 000 saamelaista. Heistä yli 60 prosenttia asuu jo kotiseutualueensa ulkopuolella, mikä asettaa saamenkieliselle opetukselle, palveluille ja tiedonvälitykselle uudenlaisia vaatimuksia. Saamelaisia asuu perinteisillä asuma-alueillaan Suomessa, Norjassa, Ruotsissa ja Venäjällä. Kaikkiaan saamelaisia on yhteensä 75 000-100 000. Eniten saamelaisia on Norjassa. 【130/231】

単語・表現

mikä「そのことは」（関係代名詞だが、前の節の内容を受けている）／**tiedon-välitys**「情報伝達、情報通信」／**uuden-lainen**「新しい種類の」／**asuma-alue**「居住地域」／**eniten**「もっとも多く」最＜paljon

訳例

　フィンランドには約1万人のサーミ人がいる。彼らのうち60％以上が住んでいる｜すでに郷土地域の外に、｜そのことは設定する｜サーミ語による教育やサービス、そして情報伝達に対して｜新しい要求を。サーミ人たちは住んでいる｜伝統的な居住地域に｜フィンランド、ノルウェー、スウェーデン、そしてロシアに。合計するとサーミ人は75,000～100,000人いる。もっとも多くのサーミ人はいる｜ノルウェーに。

　　　　● ［サーミの旗―カラーで見たければ、インターネットで検索！］
Pohjoismainen yhteistyö
https://www.norden.org/fi/informa-
　　tion/saamen-lippu

読んでみよう

4. 2月6日はサーミ民族の日、サーミ人たちの旗の出番だ！

Saamen lippu on saamelaisen taiteilija Astrid Båhlin suunnittelema. Sen aihe tulee eteläsaamelaisen Anders Fjellnerin runosta Páiven párneh（Auringon pojat）, jossa Fjellner kuvaa saamelaisia auringon tyttäriksi ja pojiksi. Lipun punainen ympyrä kuvaa aurinkoa ja sininen kuuta.
Saamelaisten liputuspäiviä on kaksitoista, joista tärkein on Saamen kansallispäivä 6. helmikuuta. Sillä muistetaan ensimmäistä pohjois- ja eteläsaamelaisten kokousta Trondheimissa, Norjassa. Saamen lippua voi käyttää epävirallisesti myös erilaisissa juhlatilaisuuksissa.　　【131/231】

suunnittelema「デザインした（もの）」動分＜suunnitella／**etelä-saamelainen**「南サーミ人（の）」／**kuvaa saamelaisia auringon tyttäriksi**「サーミ人たちを太陽の娘として描く」／**ympyrä**「輪、円」／**liputus**「旗の掲揚」＜liputtaa＜lippu／**tärkein**「もっとも重要な」最＜tärkeä／**kansallis-päivä**「国家の日、民族の日」／**muistetaan**「思い出す、しのぶ」受現＜muistaa／**pohjois-saamelainan**「北サーミ人（の）」

訳例

　サーミの旗はサーミ人の芸術家Astrid Båhlがデザインしたものである。その題材は来ている｜南サーミ人Anders Fjellnerの詩Páiven párneh（「太陽の息子たち」）から、｜その詩の中でFjellnerは描いている｜サーミ人たちを太陽の娘として、そして息子として。旗の赤い丸は表している｜太陽を｜そして青（い丸）は月を。

　サーミ人たちの旗を掲揚する日は12ある、｜そのうちもっとも重要なのがサーミの民族の日、2月6日である。それにより思い出す｜［最初の北サーミ人と南サーミ人の会議を｜ノルウェーのトロンハイムにおける］。サーミの旗は使用することができる｜非公式にも｜さまざまな祝いの機会に。

補足

　サーミ諸語は約10の言語に分化していると考えられている。そのうち南サーミ語はスウェーデンとノルウェー中部で話されており、北サーミ語はノルウェー、スウェーデン、そしてフィンランドの北部で話される最大の話者数を誇るサーミ語である。フィンランドで話されるサーミ語については次のテキストを参照。話者数300人前後とされるイナリ・サーミ語やスコルト・サーミ語も権利保障の対象となっている。

読んでみよう

5. フィンランドで話されるサーミ語は3種類、すべてが権利保障の対象
Saamen kielilaki 3 §：Määritelmät　「サーミ言語法」第3条：「定義」
Tässä laissa tarkoitetaan:
1）saamen kielellä inarinsaamen, koltansaamen tai pohjoissaamen kieltä käytetystä kielestä tai pääasiallisesta kohderyhmästä riippuen; ……

【132/231】

inarin-saame「イナリ・サーミ語」／**koltan-saame**「スコルト・サーミ語」／**pohjois-saame**「北サーミ語」／**käytetystä**「使われるような」受過分［出］＜käyttää／**pää-asiallinen**「主要な」／

kohde-ryhmä「対象となる集団」／ **riippuen**「〜により」[+[出]] ＜ riippua

訳例

この法においては（次のように）意味することになる：

1)「サーミ語」（という語）により｜イナリ・サーミ語、スコルト・サーミ語、あるいは北サーミ語を（意味する）｜使用される言語により｜あるいは主要な対象集団により；

読んでみよう

6.「よいクリスマスを、そして幸福な新年を！」
Suomi: Hyvää joulua ja onnellista uutta vuotta !
Pohjoissaame: Buriid juovllaid ja lihkolaš ođđa jagi !
Inarinsaame: Pyereh juovlah já luholâš uđđâ ihe !
Koltansaame: Šiõgg rosttvid da leklvaž ođđ eeʹǩǩ ! 【133/231】

　北サーミ語とイナリ・サーミ語はずいぶん似ている気がするが、スコルト・サーミ語になるとかなり異なっており、筆者にはチンプンカンプンだ。ここでは北サーミ語について解説するが、ローマ字で発音を書くとだいたい次の通り（đは英語thisの[ð]の音）。

　「プーリイ𐩒・ユオヴライ𐩒・ヤ・リ𐩒コラシュ・オッダ・ヤーキ！」

単語・表現

buriid「よい」[複属対] ＜ buorre（フィンランド語のhyväとは似ても似つかないが、hyväの比較級parempiや最上級parasの中に表れるpar-と語源が同じ）／ **juovllaid**「クリスマスを」[複属対] ＜ juovla（これはフィンランド語のjouluと語源は同じ。フィンランド語のjouluはスウェーデン語からの借用、サーミ語のjuovlaはスカンジナビア語からの借用か、あるいはフィンランド語経由での借用。）／ **ja**「そして」／ **lihkolaš**「幸福な」＜ lihkku「幸福、幸運」はスカンジナビア語からの借用でスウェーデン語のlyckaと同語源／ **ođđa**「新しい」（ođas「新しい」の修飾形。北サーミ語の形容詞はフィンランド語のように修飾する名詞と同じ格に変化することはなく、その代わりに修飾形という特別な形を持つものが多い。なお、この語は語源的にはフィンランド語のuusiと同じ）／ **jagi**「年を」[属対] ＜ jahki（フィンランド語のikä「年齢」と同語源）

訳例

よいクリスマスを、そして幸福な新年を！

　「サウナ」という語がフィンランド語発祥なのに対して、サーミ語発祥だと考えられる語が「ツンドラ」である。これはサーミ諸語のうち東部のサーミ語からロシア語経由で世界に広がったと考えられている（語的には北サーミ語のduottar「丘陵」が対応する）。

20 Marin首相は「二人の母親の娘」

フィンランドでは2019年12月に社民党のSanna Marinさんが首相に就任。日本の政治風景を見慣れていると、女性であること以上に34歳という年齢に驚きが。Marin政権はパンデミック、ロシアのウクライナ侵攻という難題に取り組み、また史上最大の行政改革ともいわれる社会福祉・保健医療改革（Sote-uudistus）も指揮していた。

読んでみよう

1. 2019年発足のMarin内閣、5つの政権党の党首は全員が女性

Neljä vuotta kaupunginvaltuuston kokouksen jälkeen Marin, 34, on Suomen nuorin pääministeri kautta aikojen. Koko hallitus on ainutlaatuinen ilmiö Suomessa ja maailmassa. Marin johtaa nuorten naisten tähän mennessä suurinta esiinmarssia valtakunnanpolitiikassa.
Vihreiden puheenjohtajana ja sisäministerinä toimii Maria Ohisalo, 35. Keskustaa johti Katri Kulmuni, 33, ja nykyinen puoluejohtaja on tiede- ja kulttuuriministeri Annika Saarikko, 36. Opetusministeri Li Andersson, 33, valittiin vasemmistoliiton puheenjohtajaksi 29-vuotiaana ja vuonna 2019 eduskuntaan maan toiseksi suurimmalla äänimäärällä. 【134/231】

単語・表現

kaupungin-valtuusto「市議会」（MarinさんはTampere市議会議長を務めていた）／**nuorin** 最上級＜nuori／**kautta aikojen**「時代を通じて」／**ainut-laatuinen**「独特な」／**tähän mennessä**「これまでのことろ」／**suurinta**「もっとも大きな」最［分］＜suuri／**esiin-marssi**「登場（行進）」／**valta-kunta**「国家」／**vihreiden**［複属］＜vihreät「緑同盟」／**puheen-johtaja**「議長」／**ministeri**「大臣」／**keskusta**「中央党」／**puolue-johtaja**「党首」／**vasemmisto-liitto**「左翼同盟」／**toiseksi suurin**「2番目に大きな」／**ääni-määrä**「得票数」

訳例

　市議会の会議から4年後に｜34歳のMarinはフィンランドのもっとも若い首相となっている｜時代を通じて。政府全体が独特な現象である｜フィンランドと世界において。Marinは率いる｜[若い女性たちの｜これまでで最大の進出を｜国政における]。

　緑同盟の議長として、そして内務大臣として務めるのはMaria Ohisalo（35歳）である。中央党を率いていたのはKatri Kulmuni（33歳）だった、｜そして、現在の党首は科学・文化大臣のAnnika Saarikko（36歳）である。教育大臣 Li Andersson（33歳）は選ばれた｜左翼同盟の議長に｜29歳のときに｜そして2019年には国会へ（選ばれた）｜国内で2番目に大きな得票数によって。

第2部

知る

補足

　Marin政権を構成するもう一つの政党であるSuomen ruotsalainen kansan-puolue「フィンランド・スウェーデン語系国民党」の党首もAnna-Maja Henrikssonという女性であり、政権発足当時は55歳だった。政権を構成する5つの政党の女性党首たちが並んでいる姿を見ると、日本の風景とはあまりにも違っているので、何か感動すら覚えてしまう。

● ［Marin政権を構成する政党の党首たち。
真ん中がMarin首相］
FINNISH GOVERNMENT
https://kuvapankki.valtioneuvosto.fi/f/jsLV

読んでみよう

2. Marinさんの考え方の背後には彼女の育った家庭環境が
Sanna Marin on aiemmin kertonut, että rohkeus ottaa kantaa asioihin kumpuaa maailmankatsomuksen ohella myös kotikasvatuksesta. Marin on kasvanut sateenkaariperheessä, jossa hänellä oli vanhempinaan äiti ja tämän naisystävä.
– Totta kai maailmankatsomukseni on oman perhetaustani takia hyvin vahvasti tasa-arvoa korostava ja erilaisten ihmisten oikeuksia puolustava, Marin sanoi Iltalehden äitienpäivähaastattelussa 2018.　　　　【135/231】

単語・表現

ottaa kantaa「意見を表明する、立場を明確にする」／**kumpuaa**「湧き出る」＜kummuta／**maa-ilman-katsomus**「世界観」／**ohella**「同時に、加えて」／**koti-kasvatus**「家庭教育、家庭での育ち方」／**sateen-kaari-perhe**「虹家族」（次のテキスト3を参照）／**vanhempinaan**「自らの両親として」比［複様］＋単3所接＜vanha／**korostava**「強調するような」能現分＜korostaa／**puolustava**「擁護するような」能現分＜puolustaa／**haastattelu**「インタビュー」＜haastatella

117

　Sanna Marin は以前に語っている、｜［勇気は｜物事に対する態度を明確にするための］｜湧き
出る｜世界観に加えて｜家庭における育ち方から。Marin は育った｜虹家族で、｜そこでは彼女に
はいた｜両親として｜母親とその女友達が。

―もちろん私の世界観は私自身の家庭的背景のために、とても強く平等を強調するものだ｜そして、
さまざまな人々の権利を擁護するものだ、｜と Marin は言った｜Iltalehti 紙の母の日のインタビュ
ー で｜2018 年に。

3.「虹家族」とは？

Sateenkaariperheellä tarkoitetaan perhettä, jossa ainakin yksi vanhem-
mista kuuluu seksuaali- ja/tai sukupuolivähemmistöön. 【136/231】

　「虹家族」(という語)により(次のような)家族を意味する、｜そこでは少なくとも両親のうちの一
人がセクシャルマイノリティ(性的指向の点での少数派)および／あるいはジェンダーマイノリティ(性
自認・性表現の点での少数派)に属する。[⇒ 15 ページのテキスト 3 を参照]

4. ロシアでも Marin さんに注目が集まる

Sanna Marinin (sd.) lapsuuden perhetausta on huomioitu Venäjällä, jossa
suhtautuminen samansukupuolisten liittoihin on muuttunut viime vuosi-
na yhä suvaitsemattomammaksi. Venäläismediaa kiinnostaa myös
Suomen uuden pääministerin nopea urannousu, nuori ikä, lapsuuden
perhetausta sekä hänen pieni tyttärensä. 【137/231】

sd.＝sosiaali-demokraatti「社会民主党員、社会民主党支持者」／ **tausta**「背景」／ **on
huomioitu**「注目されている」受完 ＜ huomioida ／ **suhtautuminen**「向き合うこと」動名 ＜
suhtautua ／ **saman-suku-puolinen**「同性の」／ **liittoihin**「結婚に対して」[複入] ＜ liitto
(＝avio-liitto) ／ **suvaitsemattomammaksi**「より不寛容に」比[変] ＜ suvaitsematon ⇔
suvaitseva (inen) ＜ suvaita ／ **kiinnostaa**「興味をひく」(＋[分]) ／ **uran-nousu**「キャリアアッ
プ、出世」

訳例

　Sanna Marin（社民）の子ども時代の家庭的背景が注目されている｜ロシアで、｜そこでは［向き合い方が｜同性婚に対する］｜変化してきた｜近年｜さらに不寛容なものに。ロシアのメディアの興味を引いている｜また［フィンランドの新しい首相の速いキャリアアップが、｜若い年齢が、｜子ども時代の家庭的背景が｜そして彼女の幼い娘が］。

　Sanna Marinさんは首相就任後の2020年8月に結婚したが、そのときすでに2歳半になる娘さんがいた。

読んでみよう

5. Marinさんは「二人の母親の娘」だそうで
Esimerkiksi laajalevikkinen Komsomolskaja Pravda -lehti kertoo Marinin pääministeriydestä otsikolla "Suomen hallituksen johtoon nousee kahden äidin tytär". Ingressissä lehti lisää, että tulevalla pääministerillä on"ikää vain 34 vuotta". 【138/231】

単語・表現

laaja-levikkinen「広範な分布を示す、発行部数の多い」／**Komsomolskaja Pravda**はロシアの日刊紙／**pää-ministeriys**「首相であること」／**otsikolla**「タイトルにより」[接]＜otsikko／**ingressi**「リード（記事の冒頭に置かれる概要）」／**johtoon**「トップへ」[入]＜johto／**tulevalla**「来たるべき」能現分[接]＜tulla

訳例

　たとえば、発行部数の多いコムソモリスカヤ・プラウダ紙は語る｜Marinが首相であることについて｜［見出しにより］「フィンランド政府のトップに上る｜二人の母親の娘が」という（見出しにより）］。リード部分において同紙は加える、／来たるべき首相は「年齢がたったの34歳だ」と。

読んでみよう

6. Marinさんは養子？　それはまちがいだ！
Lehden artikkelissa mainitaan myös Marinin lapsuudenperheen vähäva-raisuus ja alkoholiongelmasta kärsinyt isä. "Kahden äidin perheeseen" liittyen artikkelissa on kuitenkin harhaanjohtava väite siitä, että Marin olisi adoptoitu lapsena kahden naisen muodostamaan perheeseen. 【139/231】

vähä-varaisuus「窮乏、貧困」／**kärsinyt**「苦しんだ」能過分＜kärsiä（＋[出]）／**liittyen**「関連して」e不[具]＜liittyä／**harhaan-johtava**「誤解を招くような」／**väite**「主張」／**siitä, että ~**「～についての」／**olisi adoptoitu**「養子に迎えられていたのだろう」[条]受完＜adoptoida／**muodostamaan**「形成するような」動分[入]＜muodostaa

　新聞の記事では言及される｜またMarinの子ども時代の家庭の貧しさに｜そして、アルコール問題に苦しんだ父親に。「二人の母親の家族」に関連して｜記事にはしかしながら誤解を招く主張がある、｜[Marinが養子に迎えられたのだろうということについて｜幼い頃に｜二人の女性の作る家庭へ]。

7. ロシアの「同性愛プロパガンダ」に関する法律の影響

Venäjällä on voimassa myös laki niin kutsutusta "homopropagandasta", jota ei saa suunnata alaikäisille. Monet sateenkaariperheet ovat muuttaneet pois Venäjältä lain voimaan tulon jälkeen, sillä he ovat ryhtyneet pelkäämään, että heitä voitaisiin syyttää homopropagandasta omaa lastaan kohtaan.　【140/231】

on voimassa「発効している」／**niin kutsuttu**「いわゆる」／**suunnata**「向ける」＜suunta／**ala-ikäinen**「未成年の（者）」／**voimaan tulo**（＝ voimaantulo）「発効、施行」＜tulla voimaan／**ovat ryhtyneet pelkäämään**「恐れ始めている」（ryhtyä＋MA不[入]「～し始める」、pelkäämään MA不[入]＜pelätä）／**voitaisiin**「するかもしれないだろう」[条]受現＜voida／**syyttää**「責める、訴える」／**lastaan kohtaan**「自分の子どもに対する」（lastaan[分]＋複3所接＜lapsi）

　ロシアでは発効している｜また、[いわゆる「同性愛プロパガンダ」に関する法律が、｜それ（プロパガンダ）を未成年者に向けてはならないとするような]。多くの虹家族がロシアから引っ越している｜この法律が発効した後で、｜というのも、彼らは恐れ始めているからだ、｜[彼らは訴えられるかもしれないと｜同性愛プロパガンダについて｜自分たちの子どもに対する]。

【141/231】

読んでみよう

8. Marinさんの配偶者Markusさんが「主夫」に

Komsomolskaja Pravda nostaa lisäksi esille, että Marinin Markus-puoliso on hoitanut pariskunnan tytärtä kotona vanhempainvapaalla.

Venäläisille lukijoille tämäkin tieto lienee mielenkiintoinen, sillä isät eivät edelleenkään jää Venäjällä kovin usein koti-isiksi lapsen syntymän jälkeen.

単語・表現

nostaa esille「取り上げる」／**puoliso**「配偶者」＜puoli ／ **paris-kunta**「カップル、夫婦」／ **vanhempain-vapaa**「両親休業（育児休業）」／**lienee**「かもしれない」［可］単3現＜olla ／ **edelleen**「依然として」／**jäädä koti-isiksi**「主夫になる」(koti-isä ⇔ koti-äiti)

訳例

　コムソモリスカヤ・プラウダ紙は加えて取り上げる、｜［Marinの配偶者Markusが世話をしていることを｜夫妻の娘を｜家で｜育児休業により］。

　ロシア人の読者たちにとっては、この情報も興味深いのかもしれない、｜というのも、[父親たちは依然としてならないから｜ロシアでは｜それほどしばしばは｜主夫に｜子どもの誕生後に]。

読んでみよう

9. 2019年のすべての結婚のうち同性婚の割合は1.7パーセント

Suomessa on viime vuosina solmittu vuosittain noin 25 000 avioliittoa. Vuonna 2019 kaikista uusista avioliitoista 1,7 prosenttia solmittiin samaa sukupuolta oleville pareille.　　　　　　　　【142/231】

単語・表現

on solmittu「結ばれている」受完＜solmia ／ **vuosittain**「毎年、年ごとに」＜vuosi ／ **avio-liitto**「婚姻、法律婚」⇔ avo-liitto「事実婚」／ **solmittiin**「結ばれた」受過＜solmia ／ **samaa suku-puolta oleville**「同性であるような」(oleville 能現分 [複向]＜olla)

訳例

　フィンランドでは近年結ばれている｜一年に約25,000組の婚姻が。2019年には、すべての新たな婚姻のうち1.7％が結ばれた｜同性であるカップルの間で。

10. LGBTIは依然として多くの不公正に直面している

HLBTI-ihmiset kokevat asenteiden heitä kohtaan muuttuneen myöntei-sempään suuntaan, mutta samalla esille nousee yhä useita epäkohtia esi-merkiksi työelämässä, koulutuksessa ja sosiaali-ja terveyspalveluissa.

【143/231】

HLBTI＝homo, lesbo, bi-seksuaali, trans-suku-puolinen, inter-suku-puolinen「LGBTI」／ **kokevat asenteiden heitä kohtaan muuttuneen**「彼らに対する態度が変化したことを経験している」〔分構〕（asenteiden「態度の」［複属］＜asenne、heitä kohtaan「彼らに対する」、muuttuneen「変化した」能過分［属］＜muuttua）／**myönteisempään**「より肯定的な」比［入］＜myönteinen／**epä-kohta**「不公正、欠陥、誤り」／**sosiaali-ja terveys-palvelu**「社会・保健医療サービス」

　LGBTIの人々は経験している｜［態度が｜自分たちに対する｜変化したことを｜より肯定的な方向へと］、｜しかし、同時に現れている｜［依然として多くの不公正が｜たとえば労働生活、教育、そして社会福祉・保健医療サービスなどにおいて］。

11. 性を理由とする憎悪犯罪

Vuonna 2019 poliisin tietoon tuli 72 viharikosilmoitusta (73 vuonna 2018), joiden epäiltiin liittyvän seksuaaliseen suuntautumiseen (51), sukupuo-li-identiteettiin tai sukupuolen ilmaisuun (21). Kaikista viharikosil- moituk-sista (899) seksuaaliseen suuntautumiseen liittyvien tapausten määrä on 5,7 prosenttia ja sukupuoli-identiteettiin tai sukupuolen ilmaisuun liittyvi-en 2,3 prosenttia.

【144/231】

poliisin tietoon tuli「警察の知るところとなった」／**viha-rikos**「憎悪犯罪（ヘイトクライム）」／ **joiden epäiltiin liittyvän**「それらは結びついていると考えられた」〔分構〕（joiden［複属］＜［関代］joka、epäiltiin「疑われていた」受過＜epäillä、liittyvän「結びつくような」能現分［属］＜liittyä）／

122

liittyvien「結びつくような」能現分［複属］＜ liittyä［15ページのテキスト3も参照］

> ### 訳例

2019年に警察の情報に来た（警察の知るところとなった）｜72件の憎悪犯罪の通報が（2018年は73件）、［それらは結びついていると考えられた｜性的指向に（51件）、性自認または性表現に（21件）］。すべての憎悪犯罪の通報（899件）のうち、性的指向に結びつく件数は5.7%、そして性自認あるいは性表現に結びつくものが2.3%となっている。

> ### 読んでみよう

12. LGBTIの人々に関する情報をいかに生かしていくべきなのか
- Tietoa HLBTI-vähemmistöistä, heidän oikeuksistaan ja niiden toteutumisesta on hyödynnettävä päätöksenteossa hallinnon eri sektoreilla.
- Etenkin opettajankoulutuksessa ja sosiaali- ja terveysalan ammattilaisten koulutuksessa sekä eri viranomaisissa on vahvistettava tietämystä HLBTI-ihmisiin liittyvistä erityiskysymyksistä ja lisättävä osaamista heidän kohtaamisestaan esimerkiksi asiakkaina.　　　　【145/231】

> ### 単語・表現

niiden toteutumisesta「それらの実現について」(toteutumisesta 動名［出］＜ toteutua)／**on hyödynnettävä**「活用しなければならない」(hyödynnettävä 受現分＜ hyödyntää ＜ hyöty)／**päätöksen-teossa**「意思決定において」［内］＜ -teko／**sektori**「部門、セクター」／**etenkin**「とくに、なかでも」／**on vahvistettava**「強化しなければならない」(vahvistettava 受現分＜ vahvistaa ＜ vahva)／**tietämys**「知識」＜ tietää／**liittyvistä**「関するような」能現分［出］＜ liittyä／**erityis-**「特別な」＜ erityinen／**(on) lisättävä**「増やさなければならない」(lisättävä 受現分＜ lisätä)／**osaamista**「ノウハウを、専門知識を」動名［分］＜ osata／**kohtaamisestaan**「（彼らとの）出会いについて、対応について」動名［出］＋複3所接＜ kohdata／**asiakkaina**「顧客として」［複様］＜ asiakas

> ### 訳例

- ［知識を｜LGBTIの少数派についての、彼らの権利についての、それらの実現についての］｜活用しなければならない｜［意思決定において｜行政のさまざまな部門における］。
- なかでも教員研修において、社会・保健医療分野の専門家の研修において、そしてさまざまな公的機関において強めるべきである｜［知識を｜LGBTIの人々に関する特別な問題についての］｜そして増やすべきである｜［専門的知識を｜彼らへの対応についての｜たとえば顧客としての］。

Suomi

第 3 部

深める

21 「流木」か「急流下り船」か

2022年の時点でNato加盟が最大の課題となっているフィンランド。ここに至るフィンランドの外交政策の始まりは20世紀初頭にあると言える。その後、1939年11月30日にソ連のフィンランド攻撃により勃発した「冬戦争」は1940年3月の講和条約により停戦し休戦期へ。その後、1941年6月22日にドイツがフィンランド領内からソ連に侵攻、それを受けソ連がフィンランドを攻撃。いわゆるJatkosota「継続戦争」の開始だが、この戦争におけるフィンランドは「流木」だったのか「急流下り船」だったのか。

● [並んで歩くMannerheim元帥とヒトラー]
Wikipedia
https://commons.wikimedia.org/wiki/
File:Hitler_Mannerheim.png

読んでみよう

1. ドイツのソ連攻撃、その際にヒトラーはフィンランドに言及
Saksa aloitti operaatio Barbarossan eli hyökkäyksen Neuvostoliittoon 22. kesäkuuta 1941. Samana päivänä Hitler julisti seuraavasti:

Liitossa suomalaisten toveriensa kanssa seisovat Narvikin voittajat Pohjoisen jäämeren äärellä. Saksalaiset divisioonat Norjan valloittajan johdossa samoin kuin suomalaiset vapaussankarit oman marsalkkansa johdossa suojelevat Suomen aluetta. 【146/231】

単語・表現

operaatio「作戦」／**hyökkäys**「攻撃」< hyökätä／**Neuvosto-liitto**「ソビエト連邦」(neuvosto「評議会」、liitto「同盟」)／**julistaa**「宣言する」／**toveri**「同志、友人」／**Narvik** ノルウェー北部の都市 (ドイツの重要な軍事拠点となった)／**Pohjoinen jää-meri**「北極海」／**divisioona**「師団」

／**valloittaja**「占領者」< valloittaa／**johto**「指揮」< johtaa／**vapaus**「自由」< vapaa／
sankari「英雄」／**marsalkka**「元帥」（具体的には戦時中に元帥であったMannerheimをさすが、
Mannerheimは後には大統領となった）／**suojella**「保護する、守る」< suojata < suoja

　ドイツは開始した｜バルバロッサ作戦を｜つまりソ連侵攻を｜1941年6月22日に。同じ日にヒ
トラーは宣言した｜次のように：

　フィンランドの同志たちとの同盟において［立っている｜Narvikの勝利者たち（ドイツ軍）が｜北
極海の傍らに］。［ドイツ師団は｜ノルウェー占領者の指揮のもとで］｜［同じように｜フィンラン
ドの自由の英雄たちは｜自国の元帥の指揮のもとで］｜フィンランドの領土を守る。

　ヒトラーはソ連侵攻とともに同盟国としてフィンランドに言及、一方フィンランドは中立を
宣言。しかし、ドイツ軍が北フィンランドからソ連を攻撃したことを受けソ連がフィンランド
を爆撃したため、フィンランドは再び戦争へ突入。

2.「流木説」によればフィンランドは無力な「丸太」

Suomessa haluttiin luoda sellaista mielikuvaa, että maa oli tahtomattaan
joutunut sotaan suurvaltojen laajentumispyrkimyksien vuoksi. Esimerkik-
si Mannerheim oli toivonut, että suomalaisten hyökkäys voisi alkaa
muutama päivä saksalaisten hyökkäyksen jälkeen. ……Neuvostoliiton
tekemien pommitusten jälkeen hallituksen oli helppo tulkita Suomen
olevan jälleen sodassa. Virallisen kannan mukaan Suomi siis puolustautui
ja kyseessä oli talvisodan jatkuminen eli jatkosota. Heti sodan jälkeen
tämä kehityslinja esitettiin historiankirjoituksissa. Kun tutkijat aloittivat
kiistelyn jatkosotaan joutumisesta, tätä teoriaa alettiin kutsua "ajopuuteo-
riaksi". Suomi oli ollut kuin tukki virran pyörteissä ja ajautunut sinne,
minne virta vei eli siis sotaan. 【147/231】

mieli-kuva「心象、印象」／**tahtomattaan**「望まずに」MA不［欠］＋単3所接< tahtoa／**suur-**
valta「大国、列強」／**laajentumis-** < laajentuminen「拡大すること」動名< laajentua < laaja
／**pyrkimys**「試み」< pyrkiä／**Mannerheim**（1986-1951）は冬戦争、継続戦争における最高司
令官で後に大統領／**tekemien**「行ったような」動分［複属］< tehdä／**pommitus**「爆撃」<
pommittaa < pommi／**hallituksen oli helppo**「政府にとって簡単だった」／**tulkita Suomen**

olevan ~「フィンランドが〜であると解釈する」〔分構〕／ **kanta**「見方、見解」／ **kehitys-linja**「進展の経緯」／ **kiistely**「議論」< kiistellä < kiista ／ **jatko-sotaan joutumisesta**「継続戦争に陥ったことについて」(joutumisesta 動名［出］< joutua)／ **teoria**「理論、説、セオリー」／ **alettiin**「始められた」受過 < alkaa ／ **ajo-puu**「流木」／ **tukki**「丸太」／ **pyörteissä**「渦の中で」［複内］< pyörre ／ **ajautua**「行き着く」< ajaa ／ **sinne minne** ~「〜のところへ」

　フィンランドでは作り出したかった｜［(että 以下のような)印象を｜フィンランドは望むことなく戦争に陥ったと｜列強の拡大の試みのために]。たとえば Mannerheim は望んでいた｜フィンランドの攻撃が始まることを｜ドイツの攻撃の数日後に。……ソ連の行った空爆の後では、政府にとっては容易だった｜解釈することは｜フィンランドは再び戦争状態にあるのだと。公式の見解によれば、フィンランドはつまり(攻撃をしたのではなく)防衛をしていたのである｜そして、問題となっていたのは冬戦争が続いているということ｜つまり継続戦争だった。戦後すぐ、このような進展経緯が提示された｜歴史に関する記述において。研究者たちが議論を始めたとき｜継続戦争に陥ったことについて、｜このような理論は呼ばれ始めた｜「流木説」と。フィンランドは丸太のようであった｜流れの渦の中の｜そして流されていった｜流れが導くところへ｜つまり戦争へと。

3. いやいやフィンランドは川下りの船頭だった？

Ajopuuteorian upottivat ulkomaiset tutkijat 1950- ja 60-luvuilla esittämällä uusia tulkintoja Suomen joutumisesta sotaan. Niiden mukaan suomalaiset poliitikot tekivät tietoisia valintoja välirauhan aikana esimerkiksi solmimalla kauttakulkusopimuksen Saksan kanssa. Tämä teoria sai suomalaisilta tutkijoilta nimen "koskiveneteoria". Sen mukaan Suomi joutui tahtomattaan suurvaltojen väliseen kamppailuun, mutta vaikutti omilla poliittisilla päätöksillään kohtaloonsa. 【148/231】

upottaa「沈める」< uppoa ／ **tulkinta**「解釈」< tulkita ／ **tietoinen**「意識的な」< tieto < tietää ／ **valinta**「選択」< valita ／ **väli-rauha**「休戦」／ **kautta-kulku**「領内通過」(kulku < kulkea)／ **sopimus**「条約、協定」< sopia (kautta-kulku-sopimus とは北ノルウェーとフィンランドの間をドイツ軍が通過することを認める 1940 年の協定)／ **koski**「急流、渓流」／ **kamppailu**「闘い、奮闘」< kamppailla ／ **päätös**「決定」< päättää ／ **päätöksillään**「自らの決定により」［複接］＋単 3 所接 < päätös ／ **kohtaloonsa**「自分の運命へ」［入］＋単 3 所接 < kohtalo

　「流木説」を沈めた｜外国の研究者たちが｜1950年代から60年代に｜［提示することによって｜新しい解釈を｜フィンランドが戦争に陥ったことについて］。それらによれば｜フィンランドの政治家たちは意識的な選択をした｜休戦期に｜［たとえば結ぶことによって｜ドイツと領内通過協定を］。この説は得た｜フィンランドの研究者たちから｜「急流下り船説」という名称を。それによればフィンランドは巻き込まれた｜望むことなく大国間の争いに、｜しかし、影響を与えた｜自らの政治的決定により自らの運命に。

4. フィンランドにはドイツしか選択肢がなかったのか？

Suomen johtajilla oli välirauhan aikana vain muutama ulkopoliittinen vaihtoehto: pysyä puolueettomana, liittoutua Ruotsin tai Saksan kanssa tai tehdä yhteistyötä Neuvostoliiton kanssa. Puolueettomuus oli lähes mahdotonta esimerkiksi Hangon tukikohdan vuoksi, Ruotsi pitäytyi puolueettomuudessa, eikä yhteistyö Neuvostoliiton kanssa houkutellut. Suomen ainoaksi vaihtoehdoksi jäi Saksa. Suomi oli taloudellisesti välirauhan aikana riippuvainen Saksasta, ja samalla myös poliittinen suhde voimistui. Kauttakulkusopimuksella Suomi valitsi kohtalonsa ja puolensa Saksan rinnalla.　　　　　　　　　　　　　　【149/231】

vaihto-ehto「選択肢」／ **puolueettomana**「中立のまま」＜ puolueeton ⇔ puolueellinen ＜ puolue ／ **liittoutua**「同盟を組む」＜ liitto ／ **yhteis-työ**「協力」(yhteis- ＜ yhteinen) ／ **puolueettomuus**「中立」＜ puolueeton ／ **tuki-kohta**「基地」(Hangon tuki-kohta「ハンコ基地」は冬戦争に破れたフィンランドがソ連に貸借したハンコ岬の軍事基地) ／ **pitäytyä**「とどまる、しがみつく」＜ pitää ／ **houkutella**「誘惑する、魅惑する」＜ houkuttaa ／ **riippuvainen**「依存するような」⇔ riippumaton ＜ riippua ／ **voimistua**「強まる」＜ voima ／ **puoli**「側、味方」／ **rinnalla**「並んで」

　フィンランドの指導者たちには休戦期に、いくつかの外交上の選択肢しかなかった：中立のままでいるか、スウェーデン、あるいはドイツと同盟を結ぶか、あるいはソ連と協力をするか。中立はほぼ不可能だった｜たとえばハンコ岬に（ソ連の）基地があったために、｜スウェーデンは中立にとどまろうとしていた｜そして、ソ連との協力は魅力的ではなかった。フィンランドにとって

唯一の選択肢として残ったのがドイツだった。フィンランドは経済的に、休戦期に依存していた｜ドイツに、｜そして、同時にまた政治的関係も強まっていた。（ドイツとの）領内通過協定によりフィンランドは選んだ｜自らの運命と立場を｜ドイツとともに並び立つような。

　jatkosota「継続戦争」とは「ソ連によって始められた戦争の続きである」ということを明確に示そうとする用語。jatkosotaという言葉には、ドイツとソ連という大国同士の戦争と、大国ソ連による身勝手な攻撃により始まったフィンランドとソ連の戦争とは別のものなのだという、フィンランド人たちの「願い」のようなものが込められているのかもしれない。しかしながら、国際社会からフィンランドに向けられた視線はけっして好意的なものではなかった。

読んでみよう

5.jatkosota「継続戦争」という用語は使用を禁じられていた！ 【150/231】
Mainittakoon myös juuri käydyn sodan nimitys jatkosota, joka on Kielitoi-miston suositus vuodelta 1948. Sitä ehdotettiin tosin jo vuonna 1945, mutta sensuuriviranomaiset kielsivät käyttämästä sitä julkisesti aiemmin.

単語・表現

mainittakoon「言及しておこう」[命] 受＜ mainita ／ **käydyn**「行われたような」受過分 [属] ＜ käydä ／ **Kieli-toimisto**「言語事務所（66ページのテキスト4に出てくる「国内言語センター」内のフィンランド語管理を担当する部署）」／ **suositus**「推奨」＜ suosittaa ＜ suosia ／ **tosin**「実は、〜だが」／ **sensuuri-viranomaiset**「検閲当局」／ **kielsivät käyttämästä**「使うのを禁じた」（käyttämästä MA不 [出] ＜ käyttää）／ **julkisesti**「公に」＜ julkinen ／ **aiemmin**「以前に」

訳例

　また言及しておこう｜ちょうど行われたばかりの戦争の名称である「継続戦争」に｜それは言語事務所が推奨したものである｜1948年に。それは提案された｜実のところすでに1945年に、｜しかし検閲当局は禁じた｜それを公に使用することを｜それ（1948年）以前には。

　第二次世界大戦後に生まれた国際連合の憲章には、いわゆる「敵国条項」という規定がある。そこでは、旧連合国の敵国であった国に対しては、条件が整えば安全保障理事会の許可を得ずに軍事制裁を科すことができるといったことが書かれている。そして、この敵国には日本、ドイツ、イタリアなどと並んでフィンランドの名前も含まれている。ただ、ソ連との戦争に敗れながらも独立を維持できたという事実は、フィンランド史研究の大きなテーマになっているのだと思う。

22 戦争を描かざるをえなかった作家たち Suomi

　ここでは戦争を描いた3人の文学者を取り上げる。まずYrjö Jylhä(1903-1956)は冬戦争に従軍し休戦期に詩集*Kiirastuli*『煉獄』を発表してる。二人目のVäinö Linna (1920-1992)は継続戦争に従軍したが、彼の代表作である*Tuntematon sotilas*『名もなき兵隊』はリアリズム戦争文学の代表作とされ何度も映画化されている。そして、従軍することなく戦後を迎えたVeijo Meri(1928-2015)の代表作*Manillaköysi*『マニラ麻のロープ』はモダニズム的戦争文学とされている。それぞれの戦争の描き方の違いが興味深い。

読んでみよう

1. 殺す権利はどこから手に入れるのか？

Kohtaus metsässä (Yrjö Jylhä: 1941)

Kiväärinpiippu ja silmää kaksi
sua väijyvät rävähtämättä
sinä surmanliekin laukaisijaksi
kohotat kättä.

Vain silmänräpäys, hyytävä hetki
ja pitkä kuin iankaikkisuus:
joko päättyy sult' elon partioretki,
joko metsään maatuvat luus?

On hällä oikeus tappaa, ja sulla –
mut mistä saitte sen oikeuden?
Ei voi hän vieraaksi majaas tulla:
hän on vihollinen.

Et tiedä, ken on hän, mistä,
et tiedä hänestä muuta,
kuin että käy joku ihmisistä
päin pistoolinsuuta.

Näin kohtaavat toisensa länsi ja itä
niin kohtaavat ihmiset toisiaan.
Vain toinen muistelemaan jäi sitä,
ja toista jossakin kaivataan.

【151/231】

単語・表現

kivääri「ライフル銃」／ **sua = sinua** ／ **väijyä**「待ち伏せる」／ **rävähtämättä**「まばたきせずに」／ **surma**「殺人」／ **liekki**「炎」／ **laukaisija**「発射する人、引き金を引く人」＜ laukaista ／ **hyytävä**「凍らせるような」能現分 ＜ hyytää ／ **ian-kaikkisuus**「永遠」／ **sult' = sinulta** ／ **partio**「偵察（部隊）」／ **maatuvat**「朽ちる」＜ maatua ＜ maa ／ **luus = luusi**「おまえの骨は」[複主] ＋単2所接 ＜ luu ／ **hällä = hänellä** ／ **sulla = sinulla** ／ **mut = mutta** ／ **majaas = majaasi**「おまえの小屋（兵舎）へ」[入]＋単2所接 ＜ maja ／ **ken** = kuka ／ **toisensa**「たがいと」[複主対]＋複3所接 ＜ toinen ／ **länsi ja itä**「西と東」（フィンランドとソ連のこと）／ **toisiaan**「たがいと」[複分]＋複3所接 ＜ toinen ／ **toinen**「一方」／ **muistella**「思い出す」＜ muistaa ／ **kaivata**「懐かしむ、恋しく思う」

訳例

「森での出会い」

ライフル銃の銃身と目が二つ
おまえを待ち伏せる｜まばたきもせずに
おまえは死の炎の射撃主として
手を上げる

ほんの瞬きの一瞬、凍りつく瞬間
そして長い｜永遠のように
もう終わるのか｜おまえの生の偵察は
もう森に朽ちるのか｜おまえの骨は

彼には殺す権利がある、そしておまえにも―
しかしどこからその権利を手に入れたのか
彼は客としておまえの所へ来るわけではない
彼は敵だ
おまえは知らない、彼が誰なのか、どこから来たのか

おまえは知らない｜彼について他のことは
人間のうちの誰かがやって来ること以外は
銃口へ向かって

こうして出会う｜たがいと｜西と東が
そうして出会う｜人間がたがいと
どちらかだけが生き残りそれを思い出す
そして、もう一人はどこかで恋しく思われる

　次に取り上げるLinnaの代表作である*Tuntematon sotilas*『名もなき兵隊』や*Täällä Pohjantähden alla*『ここ北極星の下で』のもつ特徴については次のような記述がある。

- ［Väinö Linna原作の映画Tuntematon sotilas―2017年に3回目の映画化］
  Wikipedia
  https://fi.wikipedia.org/wiki/Tuntematon_sotilas_(vuoden_2017_elokuva)

読んでみよう

2. 小説が描くのは英雄か、それともただの人間か

Romaanien maailmankuva on olennaisesti alhaalta päin rakennettu. Sen ydin on arkisessa ja ihmiskeskeisessä, jatkuvassa dialogissa elävässä yhteisöllisyydessä.　　　　　　　　　　　【152/231】

単語・表現

olennaisesti「本質的に」＜ olennainen ／ **on rakennettu**「構築されている」受完 ＜ rakentaa ／ **yhteisöllisyys**「共同体性、共同体意識」＜ yhteisöllinen ＜ yhteisö

訳例

　（Linnaの）小説の世界観は本質的に下から構築されている。その核は日常的で人間中心的な、そして継続的な対話の中に生きる共同体意識の中にある。

3. Linnaのリアリズム戦争文学では、兵士たちはそれぞれの方言を話す

Kukin murrettaan puhuvina Tuntemattoman sotilaan sankarit edustavat koko Suomen kansaa. He ovat nykyaikaiset Seitsemän veljestä rintamalla.

単語・表現

kukin「それぞれ」／ **murrettaan**「方言を」[分]＋複3所接＜ murre ／ **puhuvina**「話すものとして」能現分[複様]＜ puhua ／ **sankari**「英雄」／ **edustaa**「代表する」／ **nyky-aikainen**「現代の」／ **Seitsemän veljestä**『七人兄弟』（Aleksis Kiviが1870年に発表した小説。リアリズム的民衆描写の先駆的作品とされるフィンランド文学の古典であり、しばしばフィンランド人たちは自らを七人兄弟のいずれかに投影させると言われる）／ **rintama**「前線」

訳例

　それぞれ方言を話す者として『名もなき兵隊』の主人公たちは代表している｜フィンランド国民全体を。彼らは現代の『七人兄弟』だ｜前線における。

4. Linnaの作り出した人物像は「フィンランド人」の特徴を描き出す？

Ottamalla rohkeasti käyttöön tuoretta puhekieltä Linna on vaikuttanut moniin myöhempiin romaaneihin, ja teostensa keskushenkilöissä hän on luonut ihmistyyppejä, jotka ovat lukijoiden mielissä muuttuneet jo klassisiksi.　【154/231】

単語・表現

ottamalla käyttöön「採用することにより」（ottamalla　MA不[接]＜ ottaa）／ **myöhempiin**「後の」比[複入]＜ myöhä ／ **romaaneihin**「小説へ」[複入]＜ romaani ／ **teostensa**「自分の作品の」[複属]＋単3所接＜ teos ／ **keskus-henkilö**「中心人物」／ **klassisiksi**「古典的なものへ」[複変]＜ klassinen

訳例

　[大胆に採用することで｜新鮮な口語体を]｜｜Linnaは影響を与えた｜多くの後の小説に、｜そして彼の作品の中心人物たちの中に｜彼は創造した｜人間のタイプを、｜それらは読者たちの心の中ですでに古典と化している。

読んでみよう

5.「戦争に称賛なんか与えるものか！」

Linna itse on sanonut teoksestaan: "Tahdoin antaa kaiken arvostukseni ihmisille jotka koko onnettomuuden hartioillaan kantoivat, mutta itse sodasta tahdoin ottaa sen pois. 【155/231】

単語・表現

arvostukseni「私の称賛を」[属対] + 単1所接 ＜ arvostus ＜ arvostaa ＜ arvo ／ **hartioillaan**「自らの肩に」[複接] + 複3所接 ＜ hartia ／ **kantaa**「運ぶ、負う」

訳例

　Linna自身は自分の作品について語っている：「すべての称賛を与えたかった｜［人々に｜その人たちはすべての不幸をその肩に背負った]、｜しかし、戦争そのものからはそれ（称賛）を取り上げたかった。

　最後に取り上げるMeriの代表作である*Manillaköysi*はモダニズム的戦争文学の傑作とされている。

読んでみよう

6. Meriのモダニズム的戦争文学はなぜか笑ってしまう

Kehyskertomuksen päähenkilö on tavallinen sotamies, joka yrittää pelastaa sodasta jotain hyödyllistä, siis tieltä löytämänsä köyden. Sen hän kuljettaa itsensä ympärillä kotiin ja menettää miltei henkensä järjettömässä puuhassaan. Matkan aikana kerrotut tarinat näyttävät koko sodankäynnin mielettömyyden. Romaanin lopussa köysi päätyy pätkittynä tunkiolle. Se on tulkittu symboliksi sotia edeltäneen ajan ideologioista tai yhtenäisestä maailmanselityksestä, joista oli vapauduttava, jotta elämä voi jatkua. 【156/231】

単語・表現

kehys「枠」／ **löytämänsä**「自分の見つけた」動分 [属対] + 単3所接 ＜ löytää ／ **köyden**「ロープを」[属対] ＜ köysi ／ **järjetön**「バカげた」＜ järki「理性」／ **puuha**「作業、行為」／ **kerrotut**「語られた」受過分 [複主] ＜ kertoa ／ **sodan-käynti**「戦争（行為）」／ **mielettömyys**「狂気」＜ mieletön ＜ mieli ／ **pätkittynä**「切り刻まれて」受過分 [様] ＜ pätkiä ＜ pätkä ／ **tunkio**「ゴミ

の山」／**sotia edeltäneen ajan**「戦争に先行した時代の」(sotia [複分] ＜ sota、edeltäneen 能過分 [属] ＜ edeltää)／**maailman-selitys**「世界観（世界の誕生などについての説明）」／**oli vapauduttava**「解放されなければならなかった」(vapauduttava 受現分 ＜ vapautua)

訳例

　枠組みとなる物語の主人公はふつうの軍人だ、｜彼は救い出そうとする｜戦争から｜何か役に立つものを、｜つまり道で見つけたロープを。それを彼は運ぶ｜自分の体に巻きつけて家に｜そして、ほとんど失いかける｜自分の命を｜そのバカげた行動の中で。旅の間に語られる物語は見せる｜戦争というものすべてのバカさ加減を。小説の終わりでロープは行き着く｜切り刻まれてゴミの山に。それは解釈されてきた｜象徴だと｜戦争に先立つ時代のイデオロギーについての｜あるいは画一的な世界観についての、｜それらからは自由にならなければならなかった、｜人生が続くことができるように。

読んでみよう

7. 戦争について書くしかなかった（Meri自身の言葉）

Kun lähdin kotoa maailmalle, melkein kaikki tapahtumat, joita koin, olivat nöyryyttäviä; epädramaattisia, pieniä ja epäselviä, kun ne olivat toistuvia tai jatkuvia. Minun oli pakko paikallistaa itseni elämässä, kartoittaa menneisyyteni ja yhteisöni menneisyys, ja koska se välillisesti ja välittömästi liittyi sotaan, oli pakko kirjoittaa sodasta.　　　　　　　　　【157/231】

単語・表現

koin「私が経験した」＜ kokea／**nöyryyttäviä**「屈辱的な」能現分 [複分] ＜ nöyryyttää ＜ nöyrä／**toistuvia**「繰り返すような」能現分 [複分] ＜ toistua／**jatkuvia** 能現分 [複分]「継続するような」＜ jatkua／**oli pakko**「しなければならなかった」／**paikallistaa**「場所を特定する、位置づける」＜ paikallinen ＜ paikka／**kartoittaa**「地図を作る；あきらかにする」＜ kartta／**menneisyyteni**「私の過去を」[属対] ＋ 単1所接 ＜ menneisyys

訳例

　私が家から世間へ出たとき、｜[ほとんどすべての出来事は｜それらを私は経験した]｜屈辱的なものだった；非劇的であり、小さく、そして不明確だった、｜[それらは繰り返されるような、あるいは継続するようなものだったから]。私はしなければならなかった｜[位置づけることを｜自分自身を人生の中へ]、｜[明確にしなければ（ならなかった）｜自分の過去と私の属する共同体の過去を、]｜そして、それは間接的にも直接的にも戦争に結びついていたので｜戦争について書くしかなかった。

23 中立と「フィンランド化」

数回にわたり首相を務め戦後は大統領となったJuho
Kusti Paasikivi（1870-1956）のもとフィンランドは対ソ連
関係を最優先とする外交路線を構築。その路線を次の
大統領Urho Kekkonen（1900-1986）が引き継ぎ中立政
策を推し進めていく。

●[Paasikivi（右）と彼の後継者Kekkonen]
Wikipedia
https://fi.wikipedia.org/wiki/
Paasikiven%E2%80%93Kekkosen_linja

読んでみよう

1. 戦後の外交路線の立役者Paasikivi大統領の信念とは？

a. Paasikiven mielestä tosiasioiden tunnustaminen oli viisauden alku. Tosi-
asia oli, että Neuvostoliitto oli suurvalta ja Suomen rajanaapuri.

b. Rauha ja sopu sekä luottamuksellinen naapuruussuhde suuren Neuvostoliiton
kanssa on meidän valtiollisen toiminnan ensimmäinen ohje.

c. Suomen piti tehdä päätöksiä, jotka eivät ärsyttäisi Neuvostoliittoa. Tätä
linjaa kutsuttiin Paasikiven linjaksi ja myöhemmin Paasikiven-Kekkosen
linjaksi. 【158/231】

単語・表現

tunnustaminen「認めること」動名 < tunnustaa ／ **viisauden**「賢明さの」[属] < viisaus < viisas
／ **luottamuksellinen**「信頼にもとづくような」< luottamus < luottaa ／ **eivät ärsyttäisi**「いらだ
たせないであろう」[条]複3否 < ärsyttää ／ **linja**「路線」／ **kutsuttiin**「呼ばれた」受過 < kutsua

訳例

a. Paasikiviの考えでは、事実を認めることが賢明さの始まりだった。事実とは、ソ連は大国であり、
そしてフィンランドと国境を接する隣国であるということだった。

b. [平和と協調、そして信頼にもとづく隣人関係が｜大きなソ連との］｜我々の国家としての活動
の最初の指針なのである。

c. フィンランドは決定をしなければならなかった｜それらはソ連をいらだたせないであろう。こ
の（外交）路線は呼ばれ始めた｜Paasikivi路線と｜そして後にはPaasikivi-Kekkonen路線と。

2. ソ連との「友好協力相互援助条約」締結で巧みな外交を実現

a. Suomea lukuun ottamatta kaikki muut Pohjoismaat, jopa sodan ulkopuolella pysytellyt Ruotsi, vastaanottivat Marshallin apua.

b. YYA-sopimus allekirjoitettiin Moskovassa 6.4.1948. Siitä tuli Suomen ja Neuvostoliiton välisten suhteiden perusta ja Suomen ulkopolitiikan kulmakivi yli 40 vuodeksi.

c. Sopimuksen johdannossa tunnustettiin Suomen oikeus pysyä suurvaltojen välisten eturistiriitojen ulkopuolella. 【159/231】

単語・表現

lukuun ottamatta「〜を除いて」／**jopa**「〜でさえ」／**pysytellyt**「とどまっていたような」能過分＜ pysytellä ／**vastaan-ottaa = ottaa vastaan**「受け入れる」／**Marshallin apu**「マーシャル・プランの支援」（第二次世界大戦後アメリカが進めたヨーロッパの復興援助）／**YYA-sopimus** = Ystävyys-, yhteis-toiminta- ja keskinäisen avun-annon sopimus「（フィンランド・ソ連）友好協力相互援助条約」（軍事攻撃を受ける可能性がある場合、両国は協議のうえ相互に援助を与えるという内容がフィンランドをしばしば苦境に追いやることになる）／**alle-kirjoitettiin**「署名された」受過＜ -kirjoittaa ／**siitä tuli ~**「それは〜になった」／**perusta**「基盤」／**kulma-kivi**「礎石、基盤」／**yli 40 vuodeksi**「40年以上もの間」／**johdannossa**「前文で」[内]＜ johdanto ＜ johtaa ／**tunnustettiin**「認められた」受過＜ tunnustaa ／**etu**「利益、利害」／**risti-riita**「対立、矛盾」

訳例

a. フィンランドを除いてすべての他の北欧諸国が、｜戦争の外にとどまったスウェーデンでさえ、｜受け入れた｜マーシャル・プランの支援を。

b. 友好協力相互援助条約は署名された｜モスクワで｜1948年4月6日に。それはフィンランドとソ連の関係の基盤となった｜そしてフィンランド外交の礎となった｜40年以上もの間。

c. 条約の前文では認められた｜フィンランドの権利が｜大国間の利害対立の外に留まるための。

補足

　YYA条約の中には、フィンランドが他国の攻撃の対象となる場合に、協議の上でソ連の支援を受けるという「相互援助」を規定した部分があり、このことがフィンランドを何度か苦しい立場に立たせることになる。ただ、条約の前文に「フィンランドが大国間の利害対立の外に立とうとする試みを考慮する」という一文を含めさせたことはフィンランド外交の勝利だとも言える。

3. 1952年はフィンランド人たちにとっては「喜びの年」だった

Erityisesti vuoden 1952, Suomen "ilon vuoden", tapahtumat nostivat sotien kolhimaa suomalaista itsetuntoa. Helsingin olympialaisten aikana Suomi oli hetken maailman huomion keskipisteenä, kun yli 5000 urheilijaa lähes 70 maasta ja tiedotusvälineiden edustajat saapuivat maahan. Olympiavuoden tuomaa kansallista ylpeyttä lisäsi Armi Kuuselan (1934-) kruunaaminen Miss Universumiksi. Kenties eniten suomalaisten mieliä kuitenkin ilahdutti, kun sotakorvausten maksaminen loppui. 【160/231】

単語・表現

kolhimaa「傷つけたような」動分［分］< kolhia／**itse-tunto**「自尊心」／**keski-piste**「中心点」／**tiedotus-väline**「報道機関」／**tuomaa**「もたらすような」動分［分］< tuoda／**lisätä**「加える、高める」／**kruunaaminen**「冠をかぶせること」動名 < kruunata < kruunu／**Miss Universum**「ミス・ユニバース」／**korvaus**「賠償」< korvata／**ilahduttaa**「喜ばせる」

訳例

とくに1952年のフィンランドの「喜びの年」のできごとは高めた｜戦争が傷つけたフィンランド人の自尊心を。Helsinkiオリンピックの間に、フィンランドは一瞬の間世界の注目の中心点だった、｜70近くの国から5,000人以上の選手が｜そして、報道の代表者たちがフィンランドを訪れたので。オリンピック・イヤーがもたらした国民的な誇りをさらに高めた｜［Armi Kuusela（1934-）が選ばれたことが｜ミス・ユニバースに］。おそらく、もっともフィンランド人たちの心を、しかしながら、喜ばせた｜戦争賠償金の支払いが終わったときに。

4. Paasikivi路線からPaasikivi-Kekkonen路線へ―中立も楽ではない

a. Neuvostoliitto tunnusti vuonna 1956 ensimmäistä kertaa sodan jälkeen Suomen puolueettomuuden. Samana vuonna valittiin presidentiksi Kekkonen, joka jatkoi ystävällismielistä ulkopolitiikkaa Neuvostoliittoa kohtaan. Paasikiven linjaa alettiinkin vähitellen kutsua Paasikiven-Kekkosen linjaksi.

b. Niinpä esimerkiksi puolustusvoimien hankinnoissa noin kolmannes suunnattiin itään, kolmannes länteen ja kolmannes puolueettomiin maihin.

【161/231】

valittiin「選ばれた」受過＜valita ／ **ystävällis-mielinen**「友好的な」／ **vähitellen**「少しずつ」
／ **puolustus-voimien**「国防軍の」[複属]＜-voima ／ **hankinnoissa**「調達において」[複内]
＜hankinta ＜hankkia ／ **kolmannes**「3分の1」＜kolmas ＜kolme ／ **suunnattiin**「向けられた」
受過＜suunnata ＜suunta ／ **länteen**「西へ」[入]＜länsi

a. ソ連は認めた｜1956年に戦後初めて｜フィンランドの中立を。同じ年に選ばれた｜大統領に｜
　Kekkonen が、｜彼は続けた｜友好的な外交を｜ソ連に対する。Paasikivi 路線は少しずつ呼ば
　れ始めた｜Paasikivi-Kekkonen 路線と。

b. そうだったので（中立政策が国際的信用を勝ち得ることをめざしたので）、たとえば国防軍の調達に
　おいては｜約3分の1は東側へ向けられ、3分の1は西側へ、3分の1は中立国へ（向けられた）。

読んでみよう

5. 1961年YK（国連）総会におけるKekkonen大統領の演説

Näemme itsemme täällä pikemminkin lääkärin kuin tuomarin osassa. Asi-
anamme ei ole esittää moitteita tai julistaa tuomioita. Meidän on mieluum-
min tutkittuamme ongelmia pyrittävä löytämään niihin parannuskeinoja.

【162/231】

YK = Yhdistyneet kansakunnat「国際連合」（フィンランドは1955年に国際連合に加盟し、同年
には Pohjois-maiden neuvosto「北欧会議」にも加盟している）／ **pikemmin (kin)**「むしろ」／
tuomari「判事、裁判官」／ **osa**「役割」／ **asianamme**「我々の役割として」[様] + 複1所接＜
asia ／ **moitteita**「非難を」[複分]＜moite ＜moittia ／ **julistaa**「宣言する」／ **tuomioita**「判決
を」[複分]＜tuomio ＜tuomita ／ **mieluummin** = pikemmin ／ **tutkittuamme**「調べた後で」
受過分[分]〔時構〕＜tutkia ／ **on pyrittävä**「しようとすべきだ」（pyrittävä 受現分＜pyrkiä,
pyrkiä + MA不[入]「～しようとする」）／ **parannus**「回復、改善」＜parantaa ／ **keino**「手段」

　我々は自分たち自身をみなす｜ここでは｜むしろ医師の（役割を担っていると）｜裁判官の役割を
担っているというよりも。我々の役割は非難を表明することではない｜あるいは判決を下すこと
でも（ない）。我々はむしろ｜問題を検証した後で｜見つけようとするべきだ｜それらに対して治療
の方法を。

6. ソ連のウクライナ侵攻でも登場した「フィンランド化」という言葉

Saksalaisessa politiikan käsitteistössä esiintyi termi "suomettumin-en" ("Finnlandisierung"), mikä tarkoitti jonkin valtion joutumista toisen valtion liiallisen vaikutuksen alle. Suomea pidettiin tästä varoittavana esi-merkkinä. Lännen silmissä Suomi näki liikaakin vaivaa luodakseen vankat suhteet Neuvostoliittoon.　　　　　　　　　　　　　　　　【163/231】

単語・表現

käsitteistö「術語、専門用語、概念」< käsite ／ **termi**「用語」／ **suomettuminen**「フィンランド化」動名< suomettua（「ソ連に過度に従属的になる」ことを含意）／ **jonkin valtion**「ある国家の」[属] < jokin valtio ／ **joutumista**「陥ることを」動名 [分] < joutua ／ **liiallinen**「過度の」／ **pidettiin**「みなされた」受過 < pitää ／ **tästä**「このことについて」[出] < tämä ／ **varoittavana**「警告するような」能現分 [様] < varoittaa ／ **lännen**「西の」[属] < länsi ／ **nähdä vaivaa**「苦労する、わざわざする」／ **liikaa**「過度に」／ **luodakseen**「作るために」A不 [変]＋単3所接 < luoda ／ **vankka**「強固な、堅固な、安定した」

訳例

　ドイツの政治的概念において登場した｜「フィンランド化」("Finnlandisierung")という用語が、｜それは意味した｜ある国家が陥ることを｜他の国家の過剰な影響下に。フィンランドはみなされた｜これについて警告を与えるような例として。西側の目には、フィンランドは過剰な苦労をしていた（ように見えた）｜[作り出すために｜ソ連との安定した関係を]。

7.「フィンランド化」とは大国に媚びへつらうこと？

"Me emme tarjoa vuoden 1948 sopimustamme malliksi muille kansoille, vaan me tarjoamme kaikille malliksi sen tuloksen: luottamuksellisen ja rakentavan yhteistyön valtioiden kesken, joilla on erilainen yhteiskunta-järjestys. Se on oikeaa suomettumista. Siinä mielessä me suosittamme tätä vierailla veräjillä alun perin Suomen halventamiseksi keksaistua uudissa-naa yleiseen käyttöön."　　　　　　　　　　　　　　【164/231】

これは 1973 年の YYA 条約締結 25 周年に際して Kekkonen が行った演説の一部。**yhteis-kunta-järjestys**「社会秩序、社会体制」／**vierailla veräjillä**「異国の地で」[複接] < vieras veräjä／**keksaistua**「考え出されたような」受過分 [分] < keksaista < keksiä

　「我々は提供しない｜ 1948 年の我々の条約（YYA 条約）を｜モデルとして｜他の国民に対して｜そうではなく我々は提供する｜すべての人々に｜モデルとして｜その（条約の）結果を｜：（つまり）[信頼にもとづく建設的な協力を｜国家間における、｜それらには異なる社会体制がある]。それが本当の「フィンランド化」だ。その意味で我々は推奨する｜[異国の地で｜もともとは｜フィンランドを貶めるために考え出された、この新語を]｜一般に使うことを。

読んでみよう

8.「フィンランド化」は政治の知恵の結晶

Suomettumisen aikaa on helppo jälkeenpäin kritisoida, mutta monet tutkijat näkevät tuon ajan politiikassa myös paljon viisautta. Ottamalla Neuvostoliiton mielipiteet huomioon Suomi pyrki säilyttämään supervallan luottamuksen ja tärkeät taloudelliset suhteet itään. Kansakunnan turvallisuutta ei haluttu riskeerata epävarmassa kylmän sodan maailmassa, joten ongelmia pyrittiin välttämään etukäteen.　　　　　　　【165/231】

jälkeen-päin「後から」／**kritisoida**「批判する」／**viisautta**「賢明さを」[分] < viisaus < viisas ／**ottamalla huomioon**「考慮に入れることにより」(ottamalla MA不[接] < ottaa)／**pyrki säilyttämään**「維持しようとした」／**super-valta**「超大国」／**mieli-piteet**「意見を」[複主対] <-pide／**riskeerata**「危険にさらす」⇒riski／**pyrittiin**「～しようとした」受過 < pyrkiä／**välttämään**「避けようと」MA不[入] < välttää／**etu-käteen**「事前に」

　フィンランド化の時代を｜[簡単だ｜後から批判することは]、｜しかし多くの研究者たちは見出している｜当時の政治の中に｜また多くの知恵を。ソ連の意見を考慮に入れることにより｜フィンランドは維持しようとした｜[超大国の信頼を｜そして重要な経済的な関係を｜東側との]。国家の安全保障を｜危険にさらしたくはなかった｜不確かな冷戦の世界において、｜だから問題を回避しようと努めた｜事前に。

24 1950-1960年代の作家たち

戦後のフィンランドを築く中では「フィンランド人とは何か」が問われることにもなる。それは戦前や戦時中は単純な問題だったのかもしれないが。そして、さらに1960年代になると「真実」も一つではなくなる。次の作家の言葉を引用しながら、当時の状況を見ていくことにする。

- ● **Paavo Haavikko**（**1931-2008**）作家、詩人、実業家
- ● **Tuomas Anhava**（**1927-2001**）詩人、批評家、翻訳家
- ● **Pekka Lounela**（**1932-2002**）批評家、作家、詩人
- ● **Jouko Tyyri**（**1929-2001**）ジャーナリスト、作家、政治家（教育大臣も務めた経験がある）
- ● **Pentti Saarikoski**（**1937-1983**）作家、詩人、翻訳家
- ● **Kari Aronpuro**（**1940-**）詩人、作家、翻訳家

第3部

深める

読んでみよう

1.「フィンランド人」とは？ 「愛国心」とは？

a. Ihmisen eläimet ovat yksimieliset, kaikki kauniit hevoset, kana ja lammas yhtä mieltä, olemme erimieliset, hyvä niin, yksimielinen kansa on mieletön, se menee kunne hevoset, kanat ja lammas viedään. (Paavo Haavikko)

b. Myös Anhava otti runoitse osaa keskusteluun. "Yleisissä opeissa" 1955 hän oli kysynyt: Mikä on sinun isänmaasi, äidinkielesi, kotiseutusi, vihollisesi, rakastettusi ja uskosi?"

c. Lounela kysyy: "Miten voidaan kiistattomasti ja oikeudenmukaisesti jakaa esimerkiksi kirjailijat ja taiteilijat ulkonaisia esikuvia apinoiviin epäsuomalaisiin ja puhdasmielisiin varsinaissuomalaisiin?"

d. Isänmaallisuus kysyy rohkeutta, uskallus on korkeammassa käsityksessä itsensä havaitsemista ja itsensä rakentamista. Ei ole isänmaallisuutta ilman isänmaan kritiikkiä. (Jouko Tyyri) 【166/231】

単語・表現

yksi-mielinen「同じ意見の」／ **yhtä mieltä**「同じ意見で」[分] < yksi mieli ／ **eri-mielinen**「異なる意見の」／ **kunne** = minne, mihin「〜へ」／ **runoitse**「詩を通じて」(-itse「〜を通じて」) ／ **ottaa osaa**「参加する」／ **kiistattomasti**「議論の余地なく」< kiistaton < kiista ／ **ulkonainen**「外の、外見の」／ **esi-kuva**「模範」／ **apinoiviin**「模倣するような」能現分 [複入] < apinoida

143

＜ apina ／ **epä-suomalainen**「非フィンランド人（的な）」／ **puhdas-mielinen**「純粋な」／
varsinais-「本来の」＜ varsinainen ／ **korkeammassa**「より高い」比［内］＜ korkea

a. 人間の（飼う）動物たちは意見が一致している、｜すべての美しい馬、鶏や羊は同じ考えだ、｜
私たちは意見が異なっている、｜そうだ、｜皆が同じ考えをする民族などバカげている｜それ
は行くことになるだろう｜馬、鶏、そして羊が連れて行かれるところへ。（Paavo Haavikko）

b. Anhava も詩を通して議論に参加した。1955年の『概論』（という作品）において彼は問うていた：
「あなたの祖国とは何か、あなたの母語とは、あなたの故郷とは、あなたの敵とは、あなたの
愛する人とは、そしてあなたの信じるものとは（何か）」と。

c. Lounela は問いかける：「どうしたら疑いもなく公正に分けることができるか｜たとえば作家や
芸術家を｜外部の模範をまねる非フィンランド人と｜純粋な本来のフィンランド人とに」。

d. 愛国心とは勇気を要求する、｜大胆さとはより高い理解においては自分自身を理解することだ｜
そして自分自身を構築することだ。祖国愛などない｜祖国に対する批判なしには。（Jouko Tyyri）

読んでみよう

2. 1960年代とはどのような時代だったのか？

Aivan vuosikymmenen alussa Yhdysvaltoihin valittiin uusi presidentti:
alkoi John F. Kennedyn aikakausi, joka ei suinkaan päättynyt salamurhaa-
jan luotiin 1963. Rauhanidealismille oli varsinkin vuosikymmenen alku-
puolella katetta. Väkivallattomuuden ajatuksen kääntöpuolena vahvis-
tuivat myös näkemykset konfliktien kärjistämisen välttämättömyydestä.
"Muureja on vahvistettava, jotta ne sortuisivat", Pentti Saarikoski kirjoitti
runokokoelmassaan *Kuljen missä kuljen* (1965). Se oli syvällisempi ennuste
kuin välittömästi näytti.　　　　　　　　　　　　　　　　　　　【167/231】

単語・表現

vuosi-kymmen「十年間（ここでは1960年代）」／ **Yhdys-valtoihin**「合衆国へ」［複入］＜ -valta
／ **suinkaan**「けっして（〜ない）」／ **sala-murhaaja**「暗殺者」／ **luoti**「銃弾」／ **idealismi**「理想
主義」／ **kate**「保証」＜ kattaa ／ **väki-vallattomuus**「非暴力」＜ -vallaton ＜ -valta ／ **kääntö-
puoli**「裏側」／ **kärjistämisen**「先鋭化させることの」動名［属］＜ kärjistää ＜ kärki ／
välttämättömyys「不可欠性、不可避姓」＜ välttämätön ＜ välttää ／ **on vahvistettava**「強め
なければならない」（vahvistettava 受現分 ＜ vahvistaa）／ **sortuisivat**「壊れるだろう」［条］現複3
＜ sortua ＜ sortaa ／ **runo-kokoelmassaan**「自らの詩集の中で」［内］＋単3所接 ＜ -kokoelma
／ **ennuste**「予想、予言」＜ ennustaa

　まさに1960年代の初めに合衆国に選ばれた｜新しい大統領が：ジョン・F・ケネディの時代が始まった、｜それは決して終わったわけではなかった｜1963年の暗殺者の銃弾へと。平和理想主義にはとくに1960年代の前半には保証があった。（しかし）非暴力という考え方の裏返しとして強まった｜また［見方が｜紛争が先鋭化することが不可避であることについての］。「壁は強化しなければならない｜それが壊れるためには」とPentti Saarikoskiは書いた｜自分の詩集『私は私が行くところを行く』（1965年）の中で。それはより深い予言だった｜直接的に見えるよりも。

読んでみよう

3. ポストモダンというのは、異なる時代が同時に存在すること？

a. Ajan kulttuuriselle murrokselle on mahdollista löytää nimilappu, jota on käytetty yleensä länsimaisen taiteen ja kirjallisuuden analyysissä: post-modernismi.

b. Postmodernismin määritelmien mukaan 1960- ja 1970-luvun suomalaisessa kulttuurissa voidaan puhua monien traditioiden läsnäolosta, eri-aikaisesta samanaikaisuudesta. 【168/231】

単語・表現

murros「変革」< murtaa ／ **nimi-lappu**「名札」／ **traditio**「伝統」／ **läsnä-olo**「存在、出席」／ **eri-aikainen**「異なる時代の」／ **saman-aikaisuus**「同時代性」< saman-aikainen

訳例

a. この時代の文化的変革に対しては可能だ｜名称（名札）を見つけることが、｜それは一般的に使われてきた｜西洋の芸術や文学の分析において：（つまり）ポストモダニズム（という名称を）。

b. ポストモダニズムの定義によれば｜1960年代と1970年代のフィンランド文化においては｜話すことができる｜多くの伝統の共存について、｜（つまり）異時代的な同時代性というものについて。

読んでみよう

4. はたして現実や真実とは一つなのか？

Maria Tuominen on kulttuurihistorian näkökulmasta todennut, että 1960-luvulla elettiin……"taistelua totuudesta". Tutkijan mukaan valta- ja vastakulttuurin yhteentörmäyksen kautta "erilaisten todellisuuskokemusten ja niihin perustuvien todellisuuden tulkintojen välinen ristiriita" vallitsi kautta koko vuosikymmenen. 【169/231】

Maria Tuominenはフィンランドの文化史研究家／**näkö-kulma**「視点」／**todeta**「述べる」／
elettiin「生きていた」受過＜elää／**valta-kulttuuri**「主流文化」／**vasta-kulttuuri**「対抗文化」
／**yhteen-törmäys**「衝突」(yhteen［入］＜yksi, törmäys＜törmätä)／**perustuvien**「もとづく
ような」能現分［複属］＜perustua／**tulkintojen**「解釈の」［複属］＜tulkinta＜tulkita／**risti-
riita**「矛盾、対立」／**vallita**「支配する」／**kautta koko vuosi-kymmenen**「その10年間全体
を通じて」

　Maria Tuominen は文化史の観点から述べている、｜1960年代は生きていたのだと……｜「真実
についての戦い」を。研究者(Tuominen)によれば主流文化(メインカルチャー)と対抗文化(カウン
ターカルチャー)の衝突を通じて｜「異なる現実体験と、それらにもとづく現実解釈の間の対立」が
支配していたと｜1960年代全体を通じて。

読んでみよう

5. 1960年代の芸術は積極的に社会にかかわることを求められた
Osallistuminen, tiedostaminen ja sitoutuminen olivat 1960-luvun iskusa-
noja. 　　　　　　　　　　　　　　　　　　　　　　　　　　　　　　　【170/231】

tiedostaa「認識する、自覚する」＜tieto＜tietää／**sitoutua**「関与する、コミットする」＜
sitoa／**isku-sana**「スローガン」

　参加すること、認識すること、そして関与することが1960年代のスローガンだった。

読んでみよう

6. 作家は職人か？ それとも奉仕者か？ そして詩とはいったい何なのか？
Runouden piti olla 1960-lukulaisen estetiikan mukaan kommunikaatiota.
Runosta oli tarkoitus tehdä yhteiskunnallisen keskustelun välikappale.
"Kirjailija ei ole käsityöläinen vaan palvelija, mielipiteenmuodostaja ja
jokainen runo on toimenpide", kirjoittaa Kari Aronpuro kokoelmassaan
Minä viihtyy (1967). 　　　　　　　　　　　　　　　　　　　　　　【171/231】

単語・表現

estetiikka「美学、美意識」／**runosta oli tarkoitus tehdä yhteis-kunnallisen keskustelun väli-kappale**「詩を社会的な議論の媒体にするのが目的だった」(tehdä＋[出]＋[目的語]「〜を…にする」、väli-kappale「媒体」)／**kokoelmassaan**「自らの詩集において」[内]＋単3所接＜kokoelma

訳例

　詩はあるべきだった｜1960年代の人々の美意識によれば｜コミュニケーションで。詩を［(〜に）することが目的だった｜社会的な議論の手段に］。「作家は職人ではない｜そうでなく奉仕者である、｜意見を作り出す者である｜そして、すべての詩は行動である」とKari Aronpuroは書いている｜作品集『「私は」快適だ』(1967年)の中で。

読んでみよう

7.1960年代は音楽の世界でも大きな変化が

Musiikin kentässä tapahtui huomiota herättävä murros 1960-luvulla varsinkin populaarimusiikin alueella: pop-yhtyeet, kärjessä Beatles ja Rolling Stones, tunkeutuivat koko länsimaiseen tietoisuuteen. ”Rock on se taiteen muoto, joka syntyi suurten ikäluokkien ja viihde-elektroniikan löytäessä toisensa”, Juice Leskinen on analysoinut.　　　　　【172/231】

単語・表現

kentässä「フィールドにおいて」[内]＜kenttä／**huomiota herättävä**「注目を呼び覚ますような」(herättävä 能現分＜herättää＜herätä)／**murros**「変革」＜murtaa／**yhtye**「バンド」／**kärjessä**「筆頭に」[内]＜kärki／**tunkeutua**「入り込む」／**tietoisuuteen**「意識・認識の中へ」[入]＜tietoisuus＜tietoinen＜tieto＜tietää／**ikä-luokka**「年齢層、世代」／**viihde-elektroniikka**「エンターテイメント・エレクトロニクス」／**löytäessä**「見つけるときに」e不[内]〔時構〕＜löytää／**toisensa**「おたがいを」[複主対]＋複3所接＜toinen／**Juice Leskinen** (1950-2006)はフィンランドの著名なミュージシャン／**analysoida**「分析する」

訳例

　音楽シーンで起こった｜注目を呼び覚ますような変化が｜1960年代に｜とくにポピュラー音楽の分野において：｜ポップバンドが｜筆頭にはビートルズとローリングストーンズが｜侵入した｜欧米全体の認識の中に。「[ロックは芸術の形である｜それは生まれた｜団塊の世代とエンターテイメント・エレクトロニクスがおたがいと出会ったときに]」とJuice Leskinenは分析している。

25 フィンランドはとうの昔に「中立」は捨てている

137ページで扱った中立政策の続き。日本でもニュースとなっているフィンランドの NATO加盟問題。「長く続いてきた中立政策を捨てる」と言われるが、フィンランドはとっくの昔に中立とは「おさらば」していたという話。

読んでみよう

1. Kekkonenの進めた中立政策のクライマックスは1975年

a. Kekkosen aktiivisen puolueettomuuspolitiikan huipentuma oli heinäkuun 1975 ETYK:in (Euroopan Turvallisuus- ja Yhteistyökonferenssi) päätösvaiheen kokous Helsingissä. Paikalla Euroopan turvallisuutta lisäävistä toimenpiteistä olivat sopimassa kaikki Euroopan valtiot Albaniaa lukuun ottamatta sekä Kanada ja USA.

b. Etyk oli voitto Suomen puolueettomuuspolitiikalle. 【173/231】

単語・表現

huipentuma「最高潮、クライマックス」< huipentua < huippu ／ **ETYK**「欧州安保協力会議 (英語ではCSCE、後に「全欧安保協力機構」)」／ **lisäävistä**「増加させるような」能現分 [複出] < lisätä ／ **toimen-pide**「行動、方策」／ **lukuun-ottamatta**「除いて」

訳例

a. Kekkonenの積極的な中立政策のクライマックスは1975年7月のETYK (欧州安保協力会議) の最終段階の会合だった | Helsinkiにおける。その場では | ヨーロッパの安全保障を高める方策について合意をしようとしていた | [すべてのヨーロッパの国々が | アルバニアを除いて | そしてカナダとアメリカ合衆国が]。

b. Etykはフィンランドの中立政策にとっての勝利であった。

読んでみよう

2. ゴルバチョフ登場で変わるフィンランドとソ連との関係 【174/231】

a. Vuonna 1985 Neuvostoliiton johtoon astui Mihail Gorbatšov (1931-), joka aloitti uuden avoimuus- ja uudistuspolitiikan.

b. Vapaampi ilmapiiri huipentui vuonna 1989, kun Neuvostoliitto tunnusti Suomen puolueettomuuden ensimmäistä kertaa 1950-luvun jälkeen.

- ［フィンランド大統領Mauno Koivisto（左から3人目）とゴルバチョフ（右）］
Ilta Sanomat　https://www.is.fi/ulkomaat/art-2000008064689.html

ゴルバチョフは2022年没。**avoimuus**「開放」＜ avoin ／ **ilma-piiri**「雰囲気」

a. 1985年にソビエト連邦の指導者に就任した｜ミハイル・ゴルバチョフ（1931-）が、｜彼は開始した｜新しい開放・改革政策を。

b. より自由な雰囲気は最高潮に達した｜1989年に、｜［ソ連が認めたときに｜フィンランドの中立を｜はじめて｜1950年代以降で］。

読んでみよう

3. そして、ソ連の消滅

Kun Gorbatšovin valta mureni vallankaappausyrityksen jälkeen, Suomi ehdotti hänelle YYA-sopimuksen korvaamista tavallisella ystävyysso-pimuksella ilman avunantovelvoitteita. Sopimus allekirjoitettiin tammi-kuussa 1992 Venäjän kanssa, koska Neuvostoliitto oli lakannut olemasta pari viikkoa aikaisemmin.　　　　　　　　　　　　　　【175/231】

mureni「粉々になった、崩れた」過単3 ＜ mureta ＜ murea ／ **vallan-kaappaus**「クーデター」（kaappaus ＜ kaapata）／ **korvaamista**「取り換えることを」動名［分］＜ korvata ／ **avun-anto**「援助」／ **velvoitteita**「義務」［複分］＜ velvoite ＜ velvoittaa ／ **oli lakannut olemasta**「存在しなくなっていた」（lakata ＋ MA不［出］「〜するのをやめる」、olemasta「〜であるのを」MA不［出］＜ olla）

[ゴルバチョフの権力が崩れたとき｜クーデターの試みの後で]、｜フィンランドは彼に提案した｜[YYA条約を取り換えることを｜普通の友好条約で｜援助義務のないような]。条約は署名された｜1992年1月に｜ロシアとの間で、｜なぜならソ連は存在するのをやめていたので｜数週間前に。

4. ソ連の圧力の下で生きることがついに終わりを迎える

Venäjän johtaja Boris Jelstin (1931-) kävi samana vuonna Suomessa, laski kukat Hietaniemen sankarihaudalle, pyysi anteeksi Neuvostoliiton puuttumista Suomen asioihin sekä lupasi lopettaa suhteille tyypillisen teeskentelyn ja hurskastelun. Vuosikymmeniä kestänyt supervallan painostuksen alla eläminen päättyi. 【176/231】

エリツィンは2007年没。**sankari-hauta**「戦没者の墓」／**puuttumista**「介入することを」動名［分］＜ puuttua ／**suhteille tyypillinen**「関係に典型的な」／**teeskentely**「偽ること」＜ teeskennellä ／**hurskastelu**「偽善者ぶること」＜ hurskastella ＜ hurskas ／**kestänyt**「続いたような」能過分 ＜ kestää ／**super-valta**「超大国」／**painostuksen alla eläminen**「圧力の下で生きること」(painostus「圧力、強要」＜ painostaa ＜ paino、eläminen 動名 ＜ elää)

ロシアの指導者ボリス・エリツィン（1931-）は同年（1992年）にフィンランドを訪れた、｜｜［花を捧げた｜Hietaniemiの戦没者墓地に]、｜｜［謝罪をした｜ソ連が介入したことを｜フィンランドの問題へ]｜｜［そして約束した｜終わりにすると｜（両国の）関係に典型的だった偽りと偽善を]。数十年間にわたり続いた超大国の圧力の下で生きることは終わった。

5. 1992年には欧州共同体（後のEU「欧州連合」）への加盟申請へ

Kun olemme riippuvaisia ulkomaankaupasta, me olemme riippuvaisia myös muualla tehdyistä päätöksistä. Tällöin on parempi, että meillä on ääni siellä, missä päätöksiä tehdään, kuin että ei ole.（Mauno Koivisto）

【177/231】

riippuvainen「依存して」< riippua ／ **muualla tehdyistä päätöksistä**「ほかの場所で行われた決定に」(tehdyistä 受過分 [複出] < tehdä) ／ **Mauno Koivisto**（1923-2017）

　我々は海外との貿易に依存しているので、｜我々はまた依存している｜他の場所でなされる決定に。この場合｜よりよいことだろう、｜［我々にそこで発言権があることが｜そこでは決定がなされる］、｜（発言権が）ないよりも。（Mauno Koivisto）[Koivisto は 1982-1994 年の大統領]

読んでみよう

6. EU加盟により、中立政策はとうの昔に幕を閉じていた 【178/231】

Suomen liittyminen Euroopan unioniin vuonna 1995 merkitsi puolueetto-muuskauden loppua ja siirtymistä sotilaalliseen liittoutumattomuus-politiikkaan. Liittoutumattomuus-termi puolestaan jäi pois käytöstä vuonna 2007 ja se kirjattiin muotoon "sotilasliittoon kuulumaton maa".

sotilaallinen「軍事的な」< sotilas ／ **liittoutumattomuus**「非同盟」< liittoutumaton < liittoutua < liitto ／ **termi**「用語」／ **jäädä pois käytöstä**「使われなくなる」／ **kirjata**「記す、記入する」< kirja ／ **sotilas-liitto**「軍事同盟」／ **kuulumaton**「属さないような」否分 < kuulua

　フィンランドがEUに1995年に加盟したことは意味した｜中立時代の終わりを｜そして［移行を｜軍事的非同盟政策への］。「非同盟」という用語は｜一方で｜使われなくなった｜2007年に｜そして記されることになった「軍事同盟に属していない国」という形で。

読んでみよう

7. EU加盟国が危機に陥るとフィンランドも支援をする義務が

"Jos jäsenvaltio joutuu alueeseensa kohdistuvan aseellisen hyökkäyksen kohteeksi, muilla jäsenvaltioilla on velvollisuus antaa sille apua kaikin käytettävissään olevin keinoin". Luonnollisesti tämä velvoite koskee myös Suomea, mikä tekee selvän eron aiemmin noudatettuihin puolueetto-muus- ja liittoutumattomuuspoliittisiin linjauksiin. 【179/231】

第
3
部

深
め
る

alueeseensa kohdistuvan aseellisen hyökkäyksen kohteeksi「自らの領土へ向けられる武力攻撃の対象に」(kohdistuvan 能現分［属］＜ kohdistua、kohteeksi［変］＜ kohde)／**kaikin käytettävissään olevin keinoin**「すべての利用可能な方法で」［複具］＜ kaikki käytettävissään olevat keinot (käytettävissä「使うことのできる」受現分［複内］＜ käyttää、oleva 能現 ＜ olla)／**tekee selvän eron ... linjauksiin**「路線とは明確な違いを作り出す」(linjaus「路線、方針」)／**aiemmin noudatettuihin puolueettomuus- ja liittoutumattomuus-poliittisiin linjauksiin**「以前に従っていた中立および非同盟政策の路線に対して」(noudatettuihin 受過分［複入］＜ noudattaa)

　「[もし加盟国が陥ったら｜自らの領土に向けられた武力攻撃の対象に]、｜[他の加盟国には義務がある｜その加盟国に支援を与えるための｜すべての利用可能な手段を使って]」。当然のことながら｜この義務はフィンランドにも関係する、｜そのことは明らかな違いを作り出す｜以前に従っていた中立および非同盟政策の路線とは。

8.もう一度確認、EU加盟によりフィンランドは中立ではなくなった
Suomelle EU on perustavanlaatuinen arvovalinta, jolla on vahva turvalli-suuspoliittinen ulottuvuus. Euroopan unionin jäsenenä Suomi on poliittisesti erottamattoman kiinteä osa läntistä Eurooppaa. Euroopan unionin jäsenenä Suomi ei ole puolueeton. 【180/231】

perustavan-laatuinen「基本的な」／**arvo-valinta**「価値観の選択」／**turvallisuus-poliittinen**「安全保障政策上の」／**ulottuvuus**「次元」＜ ulottuva ＜ ulottua／**erottamattoman kiinteä**「分けられないほど緊密な」(erottamattoman 否分［属］＜ erottaa ＜ erota ＜ ero、kiinteä「固定の、緊密な」)

　フィンランドにとってEU（加盟）は根本的な意味をもつ価値観の選択である、｜そのことには強い安全保障政策上の次元がある。欧州連合の加盟国としてフィンランドは政治的に分かちがたく緊密な一部となっている｜西ヨーロッパの。欧州連合の一員としてフィンランドは中立ではない。

26 戦後最大の変革

「フィンランド化」から「NATO化」へ   Suomi

2022年のロシアによるウクライナ侵攻を受け、2023年3月には議会が圧倒的多数で NATO加盟を支持した。フィンランドのNATO加盟がいよいよ現実味を帯びているが、その中でアメリカの大統領バイデンがフィンランドの「NATO化」と言い出している。

読んでみよう

1. EUに入ってもロシアは大切、そこから「北の次元」という発想へ

Pohjoinen ulottuvuus (PU) on Suomen aloitteesta syntynyttä EU:n, Venäjän, Norjan ja Islannin välillä toteutettavaa käytännönläheistä yhteistyötä, jonka tavoitteena on luoda vakautta, hyvinvointia ja taloudellisen kehityksen edellytyksiä Pohjois-Euroopassa.　　　　　　　　　　【181/231】

単語・表現

ulottuvuus「次元」< ulottuva 能現分 < ulottua／**Suomen aloitteesta syntynyttä**「フィンランドの主導により生まれたような」(syntynyttä 能過分［分］< syntyä)／**toteutettava**「実現されるべき」受現分 < toteuttaa／**käytännön-läheinen**「実際的な、現実的な」／**jonka tavoitteena**「その目標として」(tavoitteena［様］< tavoite)／**yhteis-työ**「協力」／**vakaus**「安定」／**edellytyksiä**「前提条件を」［複分］< edellytys

訳例

北の次元（ノーザン・ディメンション）とはフィンランドの主導によって生まれたEU、ロシア、ノルウェー、そしてアイスランドの間で実現すべき、現実にもとづく協力作業のことである、｜その目標となるのは創り出すことである｜［安定を、｜繁栄を｜そして経済的発展の前提条件を｜北ヨーロッパにおいて］。

読んでみよう

2. ロシアのウクライナ侵攻にはEUの一員として断固たる対応を

Venäjä on käynnistänyt hyökkäyksen Ukrainaan. Ulkoministeriö seuraa tiiviisti Venäjän toimintaa ja Euroopan turvallisuustilannetta. Suomi tuomitsee jyrkästi Venäjän sotilaalliset toimet Ukrainassa ja vastaa niihin osana Euroopan unionia.　　　　　　　　　　【182/231】

käynnistää「開始する、起動する」< käynti ／ **seurata**「観察する、追う」／ **tiiviisti**「緊密に、注意深く」< tiivis ／ **tuomita**「断罪する」／ **jyrkästi**「厳しく」< jyrkkä

　ロシアがウクライナへの攻撃を開始した。外務省は注視している｜ロシアの行動とヨーロッパの安全保障情勢を。フィンランドは厳しく断罪する｜[ロシアの軍事行動を｜ウクライナにおける]｜そしてそれらに対処する｜欧州連合の一員として。

読んでみよう

3. 2022年1月26日の記事に見るNATO加盟の支持率

MTV Uutisten tänään julkaiseman kyselyn mukaan sotilasliitto Naton jäsenyyden hakemista kannattaa 30 prosenttia ja vastustaa 43 prosenttia suomalaisista. Kannastaan epävarmoja on 27 prosenttia. 　【183/231】

MTV (= mainos-televisio) はフィンランドの民放テレビ局／ **julkaisema**「公にしたような」動分 < julkaista ／ **jäsenyys**「会員であること、加盟」／ **kannattaa**「支持する」／ **kannastaan**「自らの意見について」[出]＋複3所接 < kanta ／ **epä-varma**「確かでない」

　MTVニュースが本日発表したアンケート調査によれば｜軍事同盟NATOの加盟申請を[支持している｜（フィンランド人のうち）30％が]｜そして[反対している｜フィンランド人のうち43％が]。自らの意見について明確でないのは27％である。

読んでみよう

4. 2022年5月11日の記事から読み取れるNATO加盟支持率の変化

Tuoreen gallupin mukaan 73 prosenttia vastanneista on sitä mieltä, että Suomen pitäisi liittyä sotilasliitto Naton jäseneksi. Luku on kahdeksan prosenttiyksikköä korkeampi kuin vielä huhtikuun lopulla tehdyssä vastaavassa kyselyssä.

Liittymistä vastustaa 12 prosenttia ja vailla mielipidettä on 15 prosenttia. Epävarmojen osuus on pudonnut selvästi, sillä viimeksi vailla mielipidettä oli vielä 22 prosenttia. 　【184/231】

単語・表現

gallup「世論調査」／**vastanneista**「回答者のうち」能過分［複出］＜ vastata ／ **on sitä mieltä, että ...**「…という意見である」／**pitäisi**「すべきだろう」［条］単3 ＜ pitää ／ **prosentti-yksikkö**「パーセントポイント」／**tehdyssä vastaavassa kyselyssä**「行われた同様のアンケートにおいて」(tehdyssä 受過分［内］＜ tehdä、vastaavassa 能現分［内］＜ vastata)／**liittymistä**「加盟に」動名［分］＜ liittyä ／ **vailla mieli-pidettä**「意見のない（どちらとも言えない）」／**epä-varmojen**「不明確な人々の」［複属］＜ -varma ／ **osuus**「割合」＜ osa

訳例

最新の世論調査によれば｜回答者のうち［73％が（次のような）意見である、｜フィンランドは加盟すべきであるという｜軍事同盟NATOの一員として］。この数値は8ポイント高い｜まだ4月終わりに行われた同様の調査よりも。

加盟に反対しているのは12％、そして「意見なし」が15％だ。「どちらとも言えない（不明確）」の割合は明らかに低下している、｜というのも前回は｜「どちらとも言えない（意見なし）」はまだ22％だったから。

読んでみよう

5.2022年5月のプーチン大統領の発言―フィンランドに脅威は与えない

VENÄLÄISEN uutistoimiston Ria Novostin mukaan Putin ilmoitti Niinistölle, että sotilaallisen liittoutumattomuuden hylkääminen olisi Suomelta virhe. Suomeen ei Putinin mukaan kohdistu minkäänlaisia turvallisuusuhkia. 【185/231】

単語・表現

uutis-toimisto「通信社」／**Sauli Niinistö** (1948-)は2012年にフィンランド大統領に就任／**hylkääminen**「破棄すること」動名＜ hylätä ／ **minkään-lainen**「いかなる」／**kohdistua**「向けられる」＜ kohdistaa ／ **turvallisuus-uhka**「安全保障上の脅威」

訳例

ロシアの通信社リア・ノーボスチによれば、プーチンはNiinistöに伝えた｜軍事的非同盟を破棄することはフィンランドにとって誤りであるだろうと。フィンランドには｜プーチンによれば｜向けられていない｜いかなる安全保障上の脅威も。

6. バイデン大統領が2022年8月9日にNATO加盟文書に署名

Yhdysvaltain presidentti Joe Biden allekirjoitti Suomen ja Ruotsin sotilas-liitto Natoa koskevat liittymisasiakirjat Washingtonissa noin kello 21.30 Suomen aikaa.　　　　　　　　　　　　　　　　　　　　　　【186/231】

単語・表現

Yhdys-valtain「合衆国の」[複2属] < Yhdys-vallat (-vallat [複主] < -valta) ／ **koskevat**「関するような」能現分 [複主対] < koskea ／ **liittymis-asia-kirja**「加盟文書」

訳例

　合衆国大統領ジョー・バイデンは署名した｜フィンランドとスウェーデンの軍事同盟NATOに関する加盟文書に｜ワシントンで｜21時30分頃｜フィンランド時間で。

7. バイデン大統領はスウェーデンとフィンランドの加盟を歓迎

"Kaksi ylpeää ja itsenäistä maata käyttivät oikeuttaan tehdä omaa turvalli-suuttaan parantavia päätöksiä", Biden sanoi.

"Suomi ja Ruotsi täyttävät kaikki Naton vaatimukset. Ne tekevät Natosta vahvemman ja samalla Yhdysvalloista turvallisemman."

　　　　　　　　　　　　　　　　　　　　　　　　　　　【187/231】

単語・表現

turvallisuuttaan parantavia päätöksiä「自らの安全保障を改善するような決定を」(parantavia 能現分 [複分] < parantaa) ／ **vahvemman**「より強い」比 [属対] < vahva ／ **turvallisemman**「より安全な」比 [属対] < turvallinen

訳例

　「2つの誇り高い独立国が権利を行使した｜自国の安全保障を改善するような決定を下すための」とバイデンは言った。

　「フィンランドとスウェーデンは満たしている｜すべてのNATOの要求を。彼らはNATOをより強固にする｜そして同時に｜アメリカ合衆国をより安全に（する）」。

読んでみよう

8. 結果として「フィンランド化」ではなく「NATO化」が実現

Biden lupasi, että Yhdysvallat on sitoutunut Natoon "nyt ja myös jatkossa". "Putin luuli, että hän voi hajottaa meidät. Nyt hän sai juuri sitä, mitä hän ei halunnut. Hän ei saanut Naton suomettumista, vaan Suomen 'natottumisen'". 【188/231】

単語・表現

sitoutua「(〜すると)約束する、関与する、コミットする」／**hajottaa**「バラバラにする」／**natottumisen**「NATO化することを」動名[属対]＜natottua[「フィンランド化」については137-142ページを参照]

訳例

　バイデンは約束した、｜アメリカ合衆国は関与していると｜NATOに｜「現在も、そして将来においても」。

　「プーチンは思った、｜自分は我々をバラバラにできると。今、彼は手に入れた｜まさに彼が望んでいなかったものを。彼はNATOのフィンランド化を手に入れられなかった、｜そうではなくフィンランドの「NATO化」を手に入れることになったのだ」。

読んでみよう

9. ところで、NATOには加盟申請はできないのだそうで！

Suomi ei hae Naton jäseneksi.

Ei hae, koska Natoon ei voi hakea. Jäseneksi kutsutaan. Suomi ei siis hae jäsenyyttä vaan ilmaisee halunsa tulla kutsutuksi mukaan. 【189/231】

単語・表現

tulla kutsutuksi「招かれる」(tulla＋受過分[変]で「〜される」)

訳例

　フィンランドはNATOへの加盟を申請しない。

　そう、申請はしないのである、｜なぜならNATOには(加盟)申請はできないから。(NATOの)メンバーには招聘されるのである。フィンランドはつまり加盟を申請するのではい｜そうではなく希望を表明するのである｜招聘してほしいと。

27 「開発」ではなく「発展」が適切では？ Suomi

「持続可能は発展」はある種の流行に成り下がってしまっている気もする。なお、kehitys は「開発」ではなく「発展」と訳すことにする。

1. 持続可能な発展とは何か

Kestävällä kehityksellä viitataan paikallisesti, alueellisesti ja maailmanlaajuisesti ohjattuun muutokseen, jonka tavoitteena on säilyttää ja taata hyvät elämän mahdollisuudet nykyisille ja tuleville sukupolville. Tulevaisuuden tarpeiden ja hyvien elinolosuhteiden takaaminen edellyttää sitä, että päätöksenteossa ja toiminnassa otetaan luonnon kantokyvyn ja moninaisuuden säilymisen asettamissa rajoissa tasavertaisesti huomioon ympäristö, ihminen ja talous, niin paikallisella kuin globaalilla tasolla. Kestävä kehitys onkin monia erilaisia näkökulmia leikkaava tavoite, joka jaotellaan neljään eri ulottuvuuteen: ekologiseen, taloudelliseen, sosiaaliseen ja kulttuuriseen kestävyyteen. 【190/231】

kestävä「持続的な」／ **paikallisesti**「地域レベルで、地元レベルで」／ **alueellisesti**「地方レベルで」／ **maa-ilman-laajuisesti**「地球規模において」／ **ohjattuun**「管理された」受過分 [入] ＜ ohjata／ **elin-olo-suhde**「生活条件、生活環境」／ **takaaminen**「保証すること」動名 ＜ taata／ **edellyttää sitä, että ...**「…を前提とする」／ **päätöksen-teko**「意思決定」／ **otetaan ~ huomioon**「考慮に入れる」受現 ＜ ottaa huomioon（目的語は ympäristö, ihminen ja talous）／ **kanto-kyky**「（環境）収容力」／ **moninaisuus**「多様性」／ **säilymisen asettamissa rajoissa**「維持することが設定するような限界において」（asettamissa 動分 [複内] ＜ asettaa）／ **tasa-vertaisesti**「同等に」／ **monia erilaisia näkökulmia leikkaava**「多くの異なる視点を横断するような」（leikkaava 能現分 ＜ leikata）／ **jaotella**「分ける、分類する」＜ jakaa／ **kestävyyteen**「持続可能性へ」[入] ＜ kestävyys ＜ kestävä 能現分 ＜ kestää

持続可能な発展（という言葉）によっては言及される｜［地域レベルで、地方レベルで、そして地球規模で管理された変化に、｜その目的は維持し保証することだ｜良好な生活の可能性を｜現

在の、そして将来の世代に対して〕。将来において必要とされるものや良好な生活環境を保証することは（次のことを）前提とする、｜〔意思決定と行動において考慮に入れることを｜自然の（環境）収容力と多様性を維持することが求める限界内で｜同等に環境、人間、そして経済を（考慮に入れることを）、｜地域レベルにおいても地球レベルにおいても〕。持続可能な発展は多くの異なる視点を横断する目標である、｜それは分類される｜4つの異なる次元に｜：つまり、生態的、経済的、社会的、そして文化的持続可能性に。

> **読んでみよう**

2. 2022年の段階で、フィンランドは2年連続でもっとも「持続可能な」国？

Suomi on toista vuotta peräkkäin kärkisijalla kansainvälisessä kestävän kehityksen maavertailussa. Vertailussa arvioidaan, miten valtiot edistävät globaalia kestävän kehityksen toimintaohjelma Agenda 2030:tä ja siihen kuuluvia kestävän kehityksen tavoitteita. 【191/231】

> **単語・表現**

toista vuotta peräkkäin「2年続けて」／ **kärki-sija**「首位」／ **vertailu**「比較」＜ vertailla ＜ verrata／ **arvioidaan**「評価する」受現＜ arvioida／ **edistää**「促進する」／ **toiminta-ohjelma**「行動プログラム」／ **kuuluvia**「属するような」能現分［複分］＜ kuulua

> **訳例**

　フィンランドは2年連続で首位にいる｜国際的な持続可能な発展のための比較において。この比較においては評価する、｜｜〔いかに国家が促進しているのかを｜世界規模の持続可能な発展の行動プログラムである「アジェンダ2030」を｜そして、そこに含まれる持続可能な発展の目標を〕。

> **読んでみよう**

3. 社会的持続可能性の目標についてはうまくやっている 【192/231】

Tuoreen vertailun mukaan Suomi on saavuttanut köyhyyden vähentämiseen, puhtaaseen ja edulliseen energiaan sekä hyvään koulutukseen liittyvät tavoitteet. Suomi pärjää hyvin sosiaalisen kestävyyden tavoitteissa ja on lähellä saavuttaa myös muun muassa eriarvoisuuden vähentämiseen, sukupuolten tasa-arvoon, inhimilliseen työhön ja talouskasvuun sekä rauhaan ja oikeusvaltioon liittyvät tavoitteet. Suomella on edelleen haasteita ekologiseen kestävyyteen kuten ilmastonmuutoksen torjuntaan, kulutus- ja tuotantotapojen kestävöittämiseen sekä luonnon monimuotoisuuden köyhtymisen pysäyttämiseen liittyvissä tavoitteissa.

tuore「最新の、新鮮な」／2行目最後の**liittyvät**「〜に関連するような」能現分［複主対］＜ liittyä（liittyvätはその前のköyhyyden vähentämiseen「貧困の削減に」、puhtaaseen ja edulliseen energiaan「きれいで安価なエネルギーに」、hyvään koulutukseen「良好な教育に」の3つの入格と結びついている）／**pärjää**「（うまく）やっている」＜ pärjätä／**on lähellä**［＋A不］「〜しそうだ」／**eri-arvoisuus**「不平等、格差」／6行目の**liittyvät**はeri-arvoisuuden vähentämiseen「不平等の削減に」、suku-puolten tasa-arvoon「性の平等に」、inhimilliseen työhön「人間的な仕事に」、talous-kasvuun「経済成長に」、rauhaan「平和に」、oikeus-valtioon「法治国家に」という6つの入格と結びついている／**haaste**「課題」／**torjunta**「防止、阻止」＜ torjua／**kestävöittää**「持続可能なものにする」＜ kestävä／**köyhtyä**「貧しくなる」＜ köyhä／最終行の**liittyvissä**「関連するような」能現分［複内］＜ liittyä（liittyvissäはその前のekologiseen kestävyyteen「生態的持続可能性に」、ilmaston-muutoksen torjuntaan「気候変動の阻止に」、kulutus- ja tuotanto-tapojen kestävöittämiseen「消費と生産習慣を持続可能なものにすることに」、luonnon moni-muotoisuuden köyhyhtymisen pysäyttämiseen「自然の多様性の減少を止めることに」という4つの入格と結びついている）

　最新の比較によればフィンランドは達成している｜［貧困の削減に、きれいで安価なエネルギーに、そして良好な教育に］関わる目標を。フィンランドはよくやっている｜社会的持続可能性の目標においては｜そして達成に近い｜なかでも［不平等の削減に、男女間の平等に、人間的な仕事（ディーセントワーク）と経済成長に、さらに平和と法治国家に］関する目標も。フィンランドには依然として課題がある｜［生態的持続可能性に（関連する目標においては）｜たとえば気候変動の阻止に、｜消費と生産習慣を持続可能なものにすることに、｜そして自然の多様性の喪失を止めることに］｜関連する目標においては。

4. ところで「外部性／波及効果」という考え方が登場

2010-luvun lopulta lähtien Sustainable Development Report -verkko-sivusto on esittänyt parhaat saatavilla olevat tiedot maiden positiivisista ja negatiivisista ulkoisvaikutuksista, ja nämä tiedot on yhdistetty Spill-over-indeksiin. 【193/231】

parhaat「最善の」［複主対］＜ paras 最＜ hyvä／**saatavilla olevat tiedot**「入手できるような情報」（saatavilla 受現分［複接］＜ saada、olevat 能現分［複主対］＜ olla）／**ulkois-vaikutus**「外部

性、波及効果」（次のテキストを参照）／ **on yhdistetty**「統合されている」受完 ＜ yhdistää

2010年代終わりから「Sustainable Development Report」のウェブサイトは提示している｜［最善の入手可能な情報を｜各国の正の外部性と負の外部性について］、｜そして、これらの情報は統合されている｜「波及効果（spillover）指数」へと。

読んでみよう

5.「外部性／波及効果」とはどういうことなのか

Ulkoisvaikutuksilla tarkoitetaan yleisesti sitä, että toiminnalla on vaikutuksia myös muihin kuin niihin, jotka ovat päätökseen tai toimintaan osallistuneet. Tyypillinen esimerkki ulkoisvaikutuksista on valtion tuottamat, ilmastonmuutosta kiihdyttävät kasvihuonekaasupäästöt, jotka esimerkiksi nostavat mereveden pintaa ja upottavat rannikkoalueita toisaalla. Ulkoisvaikutukset voivat olla sekä negatiivisia (vrt. jalanjälki) että positiivisia (vrt. kädenjälki).　　　　　　　　　　　【194/231】

toimminnalla on vaikutuksia myös muihin kuin niihin「活動にはそれら以外へも影響がある」／ **niihin**［入］＜ ne（ne, jotka ~「～の人々」）／ **tuottamat**「作り出すような」動分［複主］＜ tuottaa ／ **ilmaston-muutosta kiihdyttävät kasvi-huone-kaasu-päästöt**「気候変動を加速させるような温室効果ガスの排出」（kiihdyttävät「加速させるような」能現分［複主］＜ kiihdyttää、päästö「排出」＜ päästää）／ **upottaa**「沈める」＜ upota ／ **rannikko-alue**「沿岸地方」／ **toisaalla**「別の場所で」⇒ toisaalta, toisaalle ／ **vrt.** ＝ vertaa「比較せよ、参照」［命］単2 ＜ verrata ／ **jalan-jälki**「フットプリント、足跡」／ **käden-jälki**「ハンドプリント、手形」（これらについては次のテキストを参照）

外部性（波及効果）により意味する｜一般的には（次のことを）、｜ある活動が影響を及ぼすことを｜［他の者たちへも｜意思決定や活動に参加している人々以外の］。［典型的な例は｜外部性に関する］｜国家の生み出すような、気候変動を加速させるような温室効果ガス排出である、｜それらは、たとえば［上昇させる｜海面を］、｜｜［水没させる｜沿岸地域を｜別の場所において］。外部性はありうる｜負のもの（jalan-jälkiを参照）と正のもの（käsi-jälkiを参照）とが。

第3部 深める

6.「フットプリント（足跡）」と「ハンドプリント（手形）」

a. Jalanjäljellä tarkoitetaan ihmisen toiminnan aiheuttamia päästöjä ja muita haitallisia vaikutuksia.

b. Kädenjäljellä tarkoitetaan ihmisen toiminnan aiheuttamia positiivisia vaikutuksia. 【195/231】

単語・表現

aiheuttamia「引き起こすような」動分［複分］＜ aiheuttaa ／ **haitallinen**「有害な」＜ haitta

訳例

a.「フットプリント」（という語）により意味する｜人間の活動が引き起こす排出やその他の有害な影響のことを。

b.「ハンドプリント」（という語）により意味する｜人間の活動が引き起こす正の（肯定的な）影響を。

7. 負の「外部性／波及効果」とは何か

Käytännössä kyse on siitä, miten toiminta esimerkiksi Suomessa saastuttaa vesistöjä, ja tällä on naapurimaihin ja edelleen kansainvälisille vesialueille aiheutuvia (negatiivisia) ulkoisvaikutuksia. 【196/231】

単語・表現

käytännössä「実際には」［内］＜ käytäntö ／ **kyse on siitä, miten ...**「問題はいかに…かということについてだ」／ **vesistö**「水域」＜ vesi ／ **tällä**「このことには」［接］＜ tämä ／ **saastuttaa**「汚染させる」＜ saastua ／ **aiheutuvia**「引き起こされるような」能現分［複分］＜ aiheutua ＜ aiheuttaa

訳例

実際には、問題となるのは｜［いかに活動が｜たとえばフィンランドにおける｜水域を汚染させるのかということである。］｜そして、このことには近隣諸国やさらには国際的な水域に及ぶような（負の）外部性がある。

162

読んでみよう

8. 貧しい国々は豊かな先進国のために存在する？

Köyhät maat tyydyttävät rikkaiden maiden lisääntynyttä tavaran tarvetta tuottamalla tavaroita usein heikommin ympäristönormein ja työehdoin. Kaupankäynnistä neuvottelevat toimijat ja instituutiot ovat usein keskenään eriarvoisessa asemassa, mikä vaikuttaa hyötyjen jakautumiseen ja pitkäaikaisiin vaikutuksiin.　　　　　　　　　　　　　　【197/231】

単語・表現

tyydyttää「満足させる」< tyytyä ／ **lisääntynyttä**「増加したような」能過分［分］< lisääntyä ／ **tuottamalla**「生産することにより」／ **heikommin ympäristö-normein ja työ-ehdoin**「より弱い環境基準と労働条件によって」［複具］< heikompi ympäristö-normi ja työ-ehto ／ **kaupan-käynti**「貿易、通商」／ **neuvottelevat**「交渉するような」能現分［複主］< neuvotella ／ **keskenään**「おたがいに」／ **mikä**「そのことが」［関代］（前の節の内容全体を受けている）／ **jakautumiseen**「分配されることに」動名［入］< jakautua ／ **pitkä-aikainen**「長期的な」

訳例

　貧しい国々は満足させる｜豊かな国々の増加する商品需要を｜［商品を生産することにより｜しばしばより緩い環境基準と労働条件によって］。取引について交渉する主体や組織はしばしばたがいに不平等な立場にある、｜［そのことは影響を与える｜利益を分配することや長期的な影響に対して］。

読んでみよう

9. フィンランドだって環境に対する影響を他国に押しつけている

Myös Suomi on ulkoistanut globaalin kaupan myötä ison osan tuotannostaan ja siihen liittyvistä ympäristövaikutuksistaan muihin maihin.　【198/231】

単語・表現

ulkoistaa「外部委託する」< ulkoinen

訳例

　フィンランドも外部委託してきている｜グローバルな貿易とともに｜［大部分を｜自らの生産とそれに結びつく環境への影響のうち］｜他の国々へ。

10.「外部性／波及効果」から見ればフィンランドは最下位グループ!!

Sijoitukset keikahtavat kuitenkin hyvin erilaisiksi, kun tarkastellaan sitä, kuinka paljon rajat ylittävää heikentävää vaikutusta muiden maiden SDG-tavoitteiden saavuttamiseen, eli niin kutsuttua läikkymisvaikutusta (spillover effect), mailla on. Tässä tarkastelussa OECD-maat pärjäävät huonosti, ja myös kärjessä olleet Pohjoismaat sijoittuvat vasta heikoimpaan neljännekseen. 【199/231】

単語・表現

sijoitus「ランク、位置づけ」< sijoittaa < sija／**keikahtaa**「ひっくり返る、転がり落ちる」／**eri-laisiksi**「異なるものへと」[変] < -lainen／**tarkastellaan sitä, ...**「…を調べる」／2行目から4行目の部分は**kuinka paljon ... vaikutusta ..., eli ... läikkymis-vaikutusta ... mailla on**「どのくらい多くの影響を、つまり波及効果を国がもつのか」が骨組み／**rajat ylittävää heikentävää vaikutusta**「国境を超えるような弱体化させるような影響」(ylittävää 能現分 [分] < ylittää、heikentävää 能現分 [分] < heikentää)／**muiden maiden SDG-tavoitteiden saavuttamiseen**「他の国々のSDG目標の達成へ」(saavuttamiseen 動名 [入] < saavuttaa)／**läikkymis-vaikutus**「波及効果」(läikkyä「波打つ」)／**kärjessä olleet Pohjois-maat**「トップにいた北欧諸国は」(olleet 能過分 [複主] < olla)／**sijoittua**「位置する、(ランクに) 入る」< sijoittaa／**heikoimpaan**「もっとも弱い」最 [入] < heikko／**neljännekseen**「4分の1へ」[入] < neljännes「4分の1」< neljäs < neljä

訳例

　(国際的な持続可能な発展のための比較における) 順位はしかしながら転がり落ちる｜非常に違うものへと、｜調べると｜[どのくらい多く国境を越えるマイナスの影響を｜他の国々のSDG目標の達成に対して｜つまり、いわゆる波及効果 (spillover effect) を｜その国が与えているのかを] (調べると)。この調査においては、OECD諸国はうまくやっていない、｜そしてまた、(国際的な持続可能な発展のための比較において) トップにいた北欧諸国も入っている｜もっとも下位の4分の1へ。

　このように見てくると kehitys はさらに環境に働きかけるというようなことを想像させる他動詞的な「開発」ではなく、我々自身が自ら変化することを意味する自動詞的な「発展」と理解すべき気がする。

28 国会の未来委員会
未来は知るものではなく作るもの

世界でもめずらしい国会の常設委員会である「未来委員会」。未来を決めるのは何か。

1. 国会には多くの委員会がある。

Eduskunnan päätökset valmistellaan valiokunnissa. Eduskunnassa on 16 pysyvää erikoisvaliokuntaa ja erityisesti EU-asioita koordinoiva suuri valio-kunta. 【200/231】

単語・表現

valio-kunnissa「委員会で」[複内]＜valio-kunta／**pysyvä**「常設の」＜pysyä／**erikois-**「特別な」＜erikoinen／**koordinoiva**「調整するような」能現分＜koordinoida

訳例

　国会の決定は準備される | 委員会において。国会には16の常設の特別委員会がある | そして、とくにEUに関する事項を調整する大委員会がある。

2. 具体的にはどんな委員会があるのか―まあ、読み流しておこう

Eduskunnan pysyviä valiokuntia ovat suuri valiokunta sekä erikoisvaliokuntina perustuslakivaliokunta, ulkoasiainvaliokunta, valtiovarainvaliokunta, tarkastusvaliokunta, hallintovaliokunta, lakivaliokunta, liikenne- ja viestintävaliokunta, maa- ja metsätalousvaliokunta, puolustusvaliokunta, sivistysvaliokunta, sosiaali- ja terveysvaliokunta, talousvaliokunta, tiedusteluvalvontavaliokunta, tulevaisuusvaliokunta, työelämä- ja tasa-arvo-valiokunta ja ympäristövaliokunta. 【201/231】

単語・表現

valtio-varain「国家財政の」(-varain [複2属]＜-vara)／**tarkastus**「監査」＜tarkastaa／**viestintä**「通信」／**tarkastus**「監査」＜tarkastaa／**tiedustelu-valvonta**「諜報監督」

　国会の常設委員会は大委員会、そして特別委員会として基本法委員会、外務委員会、財務委員会、監査委員会、行政委員会、法律委員会、運輸通信委員会、農林委員会、国防委員会、教育文化委員会、社会保健委員会、経済委員会、諜報監督委員会、未来委員会、労働平等委員会、そして環境委員会がある。

3. 耳慣れない「未来委員会」とは何をするのか？

Tulevaisuusvaliokunta käsittelee tulevaisuuden kehitykseen vaikuttavia tekijöitä, tulevaisuuden tutkimusta ja teknologiakehityksen vaikutuksia. Tulevaisuusvaliokunta ei yleensä käsittele lakiehdotuksia. Valiokunnan toimialaan kuuluvat muun muassa valtioneuvoston tulevaisuusselonteko, YK:n kestävän kehityksen toimintaohjelman (Agenda2030) kansallisen toimenpideohjelman seuranta sekä lausunnot pyynnöstä muille valiokunnille niiden toimialan asioista tulevaisuutta koskevin osin sekä valiokuntaan lähetettyjen muiden valtiopäiväasioiden valmistelu. 　【202/231】

tulevaisuuden kehitykseen vaikuttavia tekijöitä「未来の発展に影響を与えるような要因を」(tekijöitä [複分] < tekijä) ／ **toimi-ala**「行動領域、任務、管轄」／ **selon-teko**「報告 (書)」／ **kansallinen toimen-pide-ohjelma**「国家行動プログラム」／ **seuranta**「監視、監督、点検」< seurata ／ **lausunto**「意見書、声明」／ **pyynnöstä**「依頼により」< pyyntö < pyytää ／ **tulevaisuutta koskevin osin**「未来に関わる部分において」(koskevin osin [複具] < koskeva osa) ／ **valio-kuntaan lähetettyjen muiden valtio-päivä-asioiden valmistelu**「委員会へ送られた他の国会議事の準備」(lähetettyjen「送られた」受過分 [複属] < lähettää, valtio-päivätはふつう複数形で「国会の会期」)

　未来委員会は扱う | ［未来の発展に影響を与える要因を、| 未来の研究を | そして技術開発の影響を］。未来委員会は通常、法案は扱わない。委員会の任務には含まれる | ［なかでも政府の未来報告 (の作成) が］、| |［国連の持続可能な発展の行動計画（「アジェンダ2030」）のための国家行動プログラムの監視が］、| |［そして意見書を (提出すること) が | 要請により | 他の委員会に対して | それら (委員会) の任務となっている事柄について | 未来に関する部分において］| さらに［委員会に付託されたその他の国会の議事を準備することが］。

4. 国会に未来委員会を設置、これはどうやら世界初らしい

Vuoden 1993 käännekohtiin kuului myös eduskunnan tulevaisuusvalio-
kunnan perustaminen kansanedustaja Eero Paloheimon aloitteesta. Aluk-
si kyse oli tilapäisestä valiokunnasta, mutta vuonna 2000 siitä tuli vakitui-
nen osa eduskunnan työskentelyä. Tulevaisuuteen kurkottamisesta on
muutoinkin tullut suomalaisen kulttuurin ominaisuus – siitäkin huolimat-
ta, että usein on vaikeaa nähdä eteenpäin ja arvioida, mihin suuntaan ke-
hitys on käymässä. Toisaalta olennainen ajatus on ollut tulevaisuuden
näkeminen tässä ja nyt: kehityksen suuntaan on pyrittävä vaikuttamaan ja
on mietittävä niitä vaihtoehtoja, jotka Suomella on edessään. 【203/231】

単語・表現

käänne-kohta「転換点」／ **perustaminen**「設立」動名 ＜ perustaa ／ **tila-päinen**「一時的な」
／ **vakituinen**「固定の、永遠の、常設の」／ **kurkottamisesta**「（首を、手を、体を）伸ばすこと
から」動名［出］＜ kurkottaa ／ **muutoin = muuten**「そうでなくても」／ **ominaisuus**「特徴」＜
ominainen ／ **siitä huolimatta, että ~**「～にもかかわらず」／ **olennainen**「本質的な」／
näkeminen「見ること」動名 ＜ nähdä ／ **tässä ja nyt**「今ここで」／ **on pyrittävä**「しようとす
べきだ」（pyrittävä 受現分 ＜ pyrkiä）／ **on mietittävä**「考えるべきだ」（mietittävä 受現分 ＜ miettiä）

訳例

　1993年の転機には含まれる｜また国会の「未来委員会」の設立も｜国会議員 Eero Paloheimo の
発案による。当初、問題となっていたのは一時的な委員会だった、｜しかし2000年に｜［それ（未
来委員会）はなった｜常設の一部に｜国会作業の］。未来に目を向けることは、そうでなくとも［な
っている｜フィンランド文化の特徴に］｜―［（次のことにも）かかわらず｜しばしば困難である（に
もかかわらず）｜先を見て｜そして推測することは、｜どの方向へ発展が進もうとしているのかを］。
一方で、本質的な考えは未来を見ることである｜今ここで｜：つまり、発展の方向性に影響を与
えようとしなければならない｜そして検討しなければならない｜選択肢を、｜それらはフィンラン
ドの目の前にある。

5. 未来は事前に分かるものか？それとも作り出すものか？

Päinvastoin kuin yleensä luullaan, tulevaisuudentutkimuksen missiona ei ole arvata etukäteen, mitä tapahtuu vaikkapa vuonna 2050. Sen sijaan voimme avata erilaisilla ennakoinnin ja tulevaisuudentutkimuksen menetelmillä hyvin perusteltuja vaihtoehtoisia tulevaisuuskuvia, jotka auttavat meitä ymmärtämään paremmin sen, mitä haluamme. Tämän perusteella voimme tehdä parempia ja harkitumpia päätöksiä tässä ja nyt. Tulevaisuus siis pikemminkin tehdään kuin tiedetään. Vaihtoehtoisiin tulevaisuuksiin varautuminen lisää myös toimijoiden resilienssiä ja reagointikykyä.

【204/231】

päin-vastoin kuin ~「〜とは逆に」／**missio**「使命」／**ennakointi**「予想、予測」＜ ennakoida ＜ ennakko／**hyvin perusteltuja vaihto-ehtoisia tulevaisuus-kuvia**「よく根拠づけられた複数の選択肢をもつ未来像」(perusteltuja 受過分［複分］＜ perustella ＜ perustaa、vaihto-ehtoinen「選択肢のあるような」)／**harkitumpia**「より検討された」比［複分］＜ harkittu 受過分 ＜ harkita／**varautuminen**「備えること」動名 ＜ varautua ＜ varata ＜ vara／**resilienssi**「回復力、復元力、しなやかさ、危機対応能力、レジリエンス」／**reagointi**「反応」＜ reagoida

　一般に考えられているのとは逆に｜未来研究の使命となるのは事前に推測することではない、｜たとえば2050年に何が起こるのかを。その代わりに我々は切り開くことができる｜［さまざまな｜予測と未来研究｜の方法により］｜とてもよく根拠づけられた複数の選択肢をもつ未来像を、｜［それらは助けてくれる｜我々がよりよく理解するのを｜我々が何を望んでいるのかを］。これにもとづいて我々はできる｜［よりよい、そしてより熟慮された意思決定を下すことが｜今ここで］。未来はつまり、むしろ［作るのである｜知るというよりも］。複数の選択肢をもつ未来に備えることは高める｜また行為者たちのしなやかさ（レジリエンス）と対応能力を。

6. 未来に対する答えは「ない」のではなく「多すぎる」のが問題

Toinen ongelma on se, ettei tieteellä ole vastausta päätöksentekijöiden kysymyksiin. Tai tarkemmin sanoen tieteellä on liiankin monta vastausta.

Jos valiokunta kuulee asiantuntijoita vaikkapa energian tulevaisuudesta, niin jokaisella asiantuntijalla on oma vastauksensa asiaan: ensimmäinen voi korostaa bioenergiaa, toinen ydinvoimaa, kolmas vetyä – ja seuraavat tuulta, aurinkoa, jätteitä, geotermistä energiaa, aaltoja, energiatehokkuutta, kiertotaloutta ja niin edelleen. 【205/231】

単語・表現

päätöksen-tekijä「意思決定者、政策決定者」／ **tarkemmin**「より正確に」[副] 比 < tarkka ／ **sanoen**「いえば」e 不 [具] < sanoa ／ **asian-tuntijoita**「専門家たちに」[複分] < -tuntija ／ **korostaa**「強調する」／ **ydin-voima**「原子力」／ **vety**「水素」< vesi ／ **seuraavat**「次の人々は」能現分 [複主] < seurata ／ **geoterminen**「地熱の」／ **tehokkuus**「効率」< tehokas < teho ／ **kierto-talous**「循環経済」／ **ja niin edelleen = jne.**「～など」

訳例

　第二の問題は｜科学には答えがないということだ｜政策決定者の疑問に対して。あるいは、より正確にいえば、科学にはありすぎる｜あまりにも多くの答えが。もし委員会が専門家に（意見を）聞くと｜たとえばエネルギーの未来について、｜そうすると、それぞれの専門家には自分の答えがある｜その問題に対して｜：一人目は強調するかもしれない｜バイオエネルギーを、｜二人目は原子力を、｜三人目は水素を｜―そして次の人たちは｜風力を、｜太陽光を、｜廃棄物を、｜地熱エネルギーを、｜波力を、｜エネルギー効率を、｜循環経済を｜等々と。

読んでみよう

7. 答えが多すぎれば、正しい答えを決めるのは誰だ？

Esimerkiksi oikeudenmukaiseen palkkajärjestelmään ei ehkä ole vain yhtä oikeaa vastausta, vaan useita hyvin perusteltuja vaihtoehtoisia näkökulmia. Sen sijaan kunakin ajanhetkenä on runsaasti yhteiskunnallisia ja sosiaalisia rakenteita ja normeja, jotka määrittelevät, kuka saa määritellä totuuden sekä päättää oikeasta ja väärästä. 【206/231】

単語・表現

oikeuden-mukainen「公正な」／ **palkka-järjestelmä**「給与体系」／ **kunakin ajan-hetkenä**「それぞれの時点において」[様] < kukin ajan-hetki ／ **normi**「規範」／ **määritellä**「定義する、明確にする」

たとえば公正な給与体系に対してはおそらくない｜ただ一つの正しい答えというものは、｜そうではなく多くのうまく根拠づけられた代替的な見方が（ある）。その代わりに｜それぞれの時点において｜［豊富にある｜共同体・社会構造や規範が］、｜［それらが決定する、｜誰が真実を定義できるのかを｜そして（誰が）善悪を判断できるのかを］。

8. 正しい答えを選ぶためには人間と社会を理解することが不可欠だ！

Voisi melkeinpä todeta, että humanismi on kaiken taustalla toimiva taustavaikuttaja, jota ei aina huomaa. Humanistiset tieteet jäävät usein ns. "kovien tieteiden" varjoon, sillä niiden tutkiminen ei aina ole yhtä kouriintuntuvaa kuin esimerkiksi luonnontieteiden. Kuitenkin tutkimus on yhtä arvokasta. Humanismin ansioista ymmärrämme yhteiskunnan toimintaa ja sen rakenteiden muutosta. 【207/231】

voisi「できるだろう」［条］単3現＜voida／**melkein**「ほとんど」／**humanismi**「ヒューマニズム；人文科学」／**tausta**「背景」／**toimiva**「働いているような」能現分＜toimia／**taustavaikuttaja**「背後で影響を与えるもの」／**jäädä varjoon**「影に隠れる」／**kova tiede**「ハードサイエンス、自然科学」／**kouriin-tuntuva**＝kouraan-tuntuva「具体的な、明らかな」(koura「手のひら（＝kämmen）；拳」)／**ansiosta**「〜のおかげで」

ほとんど言うことができるだろう、｜人文科学はすべての背後で機能する影の影響者であると、｜それにはいつも気づくわけではない。人文科学はしばしば取り残される｜いわゆる「ハードサイエンス」の影に、｜というのも、人文科学の研究は常に同じように明確に感じられるものではないので｜たとえば自然科学のようには。しかしながら｜（人文科学の）研究は同じように価値がある。人文科学のおかげで我々は理解する｜社会の動きを｜そして、その構造の変化を。

9. そういえば、科学っていったい何をめざすものなのか

Tiede on jatkuvaa paremman ymmärryksen tavoittelua. 【208/231】

paremman「よりよい」[属]＜parempi 比＜hyvä ／ **tavoittelu**「追求」＜tavoitella

訳例

科学とは、よりよい理解を絶え間なく追求することだ。

読んでみよう

10. 人文科学の役割は人間がよく生きられるための判断をすること

Arto Mustajoen mielestä humanististen tieteiden tehtävänä on auttaa ih-misiä elämään parempaa elämää.

– Olennaisinta on, että luonto, yhteiskunta ja ihminen voivat hyvin ja että tehdään parempia päätöksiä, Mustajoki vastaa. 【209/231】

単語・表現

Arto Mustajoki（1948-）は Helsinki 大学のロシア語教授を務めた人物。**olennaisinta**「もっとも本質的な」最［分］＜olennainen ／ **voida hyvin**「元気である、うまくやる」

訳例

Arto Mustajoki の考えでは、人文科学の役割は助けることである｜人々がよりよい生活を生きられるように。

―もっとも本質的なことは、自然、社会、そして人間が元気でいることである｜そして、よりよい判断をすることである、｜と Mustajoki は答えている。

読んでみよう

11. 人文科学は自分を、環境を、そして社会を理解するために存在する

– Jos lääketieteen tavoitteena on isossa kuvassa auttaa ihmisiä elämään terveempänä pidempään, on humanistisen tutkimuksen tavoite auttaa ihmisiä elämään paremmin, jotta maapallosta tulisi parempi paikka elää.
"Meidän tulee tuottaa ja levittää sellaista tietoa, jota yksittäinen ihminen voi hyödyntää ymmärtääkseen paremmin itseään, ympäristöään, yhteiskuntaa ja maailmaa." 【210/231】

これも Arto Mustajoki の発言／**isossa kuvassa**「大きな絵の中で（ここでは「大局的に見れば」）」
／**terveempänä**「より健康で」比［様］< terve ／**pidempään**「より長く」比［入］< pitkä ／
yksittäinen「それぞれの、個々の」< yksittäin「一つずつ」< yksi ／**hyödyntää**「活用する」<
hyöty ／**ymmärtääkseen**「理解するために」A 不［変］+ 単 3 所接 < ymmärtää

　もし医学の目的が｜大局的に見たときに｜［助けることであれば｜人々がより健康で、より長く
生きられるように］、｜人文科学の研究の目的は［助けることだ｜人々がよりよく生きられるように、
（その結果として）地球が生きるのによりよい場所になるように］。
　「我々は生み出し広めなければならない｜［知識を、｜それを個々の人間が利用できるような］
［よりよく理解するために｜自分自身を、環境を、社会を、そして世界を］。」

12. 世界は人間の手と心を通じてこそ明らかになるもの

Humanistiset alat eivät tutki kuitenkaan vain ihmistä, vaan myös maailmaa.
Maailma ei paljasta itse itseään meille, vaan vain ihmisen käden ja mielen
kautta. Varastoimalla ja analysoimalla menneiden vuosisatojen kieliä, kirjalli-
suutta, uskomuksia, tietoa ja viisauttakin, humanistiset alat selvittävät, mitä
maailma on (ollut) ihmisen kokemana ja miten se voidaan kokea. 【211/231】

paljastaa「明らかにする」< paljas ／**itseään**「自分自身を」［分］+ 単 3 所接 < itse ／
varastoimalla「貯蔵することにより」MA 不［接］／**analysoimalla**「分析することにより」MA
不［接］／**menneiden vuosi-satojen**「過ぎ去った何世紀もの」(menneiden 能過分［複属］<
mennä)／**ihmisen kokemana**「人間が経験するものとして」(kokemana 動分［様］< kokea)

　人文科学の分野は研究するのではない｜しかしながら、ただ人間だけを、｜そうではなく世界
をも（研究する）。世界は明らかにしない｜自らを自らで｜我々に、｜そうではなく、ただ人間の手
と心を通じて（明らかになる）。［蓄積することにより｜そして分析することにより｜過去何世紀もの
言語を、文学を、伝承を、知識を、そして知恵をも］、｜人文科学の諸分野は明らかにする、｜［世
界とは何なのか（あるいは、何であったのか）を｜人間が経験するものとしての］｜そして、それ（世界）
はどのように経験することができるのかを。

29 首相が踊って何が悪いのか？

Sanna Marin 首相に関する大騒動　　Suomi

日本でも報道された Marin 首相の踊る動画。何の問題があるのか、ないのか。

読んでみよう

1. Marin首相が激しく踊る―2022年8月、日本でもニュースに

Marinin vapaa-ajanvietto on ollut otsikoissa viime viikosta asti. Tuolloin julkisuuteen levisi videoita, joissa Marin juhlii ja tanssii railakkaasti. Marin meni sen jälkeen oma-aloitteisesti huumetestiin, josta ei todettu huumausaineita.　　　　　　　　　　　　　　　　　　　　　【212/231】

単語・表現

ajan-vietto「時間を過ごすこと」（vietto ＜ viettää）／ **otsikoissa**「見出しの中に、話題になって」 ＜ otsikko ＜ otsa ／ **julkisuuteen**「公へ」［入］＜ julkisuus ／ **railakkaasti**「快活に」＜ railakas ／ **oma-aloitteesti**「自発的に」＜ -aloitteinen ／ **ei todettu**「検出されなかった」受過否 ＜ todeta ／ **huume-testi**「薬物検査」／ **huumaus-aine**「薬物（成分）」

訳例

　Marin首相の私的な時間の過ごし方が話題になっている｜先週から。そのとき公に広まった｜ビデオ映像が、｜その中でMarinは快活に祝い踊っている。

　Marinは行った｜その後で自発的に薬物検査へ、｜その検査からは検出されなかった｜薬物は。

読んでみよう

2. さらに不思議な写真流出で首相が危機に？

Tiistaina somessa alkoi levitä kuva, jossa kaksi naista suutelee Marinin järjestämissä juhlissa pääministerin virka-asunnolla Kesärannassa. Naiset ovat nostaneet paitansa ylös niin, että heidän rintansa ovat paljaana. Kuvassa he peittävät rintansa, toinen Finland-kyltillä.　　　　　　【213/231】

単語・表現

suudella「キスをする」＜ suu ／ **järjestämissä**「開催した」動分［複内］＜ järjestää ／ **virka-asunto**「公邸」／ **Kesä-ranta** は首相公邸の名称／ **paljaana**「むき出しで」［様］＜ paljas

　火曜日にソーシャルメディアにおいて広まり始めた｜写真が、｜その中では二人の女性がキスをしている｜Marinの開催したパーティーで｜首相公邸であるKesärantaにおける。女性たちはシャツをまくり上げている、｜そのため彼女たちの胸はむき出しになっている。写真では彼らは胸を覆っている、｜一人はFINLANDと書かれたプレートで。

● ［絵文字にもちゃんと「女性の力」というのが用意されている］
this is Finland
https://finland.fi/emoji/

3. 法律的にはもちろん、倫理的にもおかしなことをしたわけでもないのに

Marin sanoi, että kulunut viikko ei ole ollut hänelle helppo. Hän sanoi haluavansa luottaa siihen, että ihmiset katsovat ennemmin sitä, mitä työtä poliitikot tekevät kuin sitä, mitä he tekevät vapaa-ajallaan.　【214/231】

kulunut「過ぎ去った」能過分 ＜ kulua ／ **sanoi haluavansa**「自分がしたいと言った」〔分構〕／ **luottaa siihen, että ...**「…だということを信じる」／ **ennemmin**「むしろ」

　Marinは言った｜過ぎ去った一週間は彼女にとって簡単なものではなかったと。彼女は信頼したいと言った、｜人々が［むしろ見ることを｜どのような仕事を政治家たちがしているのかを、｜彼らが私的な時間に何をしているのかよりも］。

読んでみよう

4.「私だって人間です」－言うまでもない

a. "Minä olen ihminen, ja myös minä kaipaan joskus näiden synkkien pilvien keskellä iloa, valoa ja hauskuutta", Marin sanoi ääni voimakkaasti väristen.

b. "Mutta yhtään työpäivää en ole jättänyt tekemättä enkä yhtään työtehtävää ole jättänyt hoitamatta enkä jätä tämänkään keskellä", Marin sanoi.

【215/231】

単語・表現

kaivata「恋しいと思う、求める」／ **synkkä**「陰鬱な」／ **hauskuus**「楽しみ」＜ hauska ／ **väristen**「震えながら」e不[具]＜ väristä ／ **yhtään**「一つも（〜ない）」／ **jättää** + MA不[欠]「〜しないままにする」(tekemättä MA不[欠]＜ tehdä, hoitamatta MA不[欠]＜ hoitaa)

訳例

a.「私は人間だ、｜そして私もときには求める｜これら陰鬱な雲の間で｜喜びを、光を、そして楽しみを」と Marin は言った｜声を強く震わせながら。

b.「しかし一日たりとも仕事をしないままにはしてこなかった｜そして一つたりとも役目を果たさないままにはしてこなかった｜そしてこの最中でさえ私は（仕事を）しないでおくことはない」と Marin は言った。

読んでみよう

5.「判断するのが市民の役割だ」と Marin さんは言う

"Kansalaisten tehtävä on vaaleissa arvioida, onko se heidän näkökulmastaan sopivaa ja mitä he siitä ajattelevat." 【216/231】

訳例

「市民たちの役割である｜選挙において判断することが、｜［それ（政治家にも自由な時間があり、その時間を友人たちと過ごすこと、政治家が政治家以外の人間としての生活も生きているということ）が彼らの視点からすると適切なのかどうかを｜そして、彼らがそれについてどう考えるのかを］。」

6.「私は学び、考え、そして役割を果たす！」

"Minä otan opiksi. Minä teen työni niin hyvin kuin tähänkin asti. Minä ajattelen Ukrainaa ja minä ajattelen teitä ja minä teen työni", hän sanoi puheensa lopuksi. 【217/231】

単語・表現

ottaa opiksi「身をもって知る、教訓を得る」／ **tähänkin asti**「これまでも」／ **puheensa**「自らのスピーチの」[属] + 単3所接 < puhe

訳例

「私は（今回の件から）学ぶつもりだ。私は自分の仕事をする｜これまでと同じようにうまく。私はウクライナのことを考え、そして私はあなた方のことを考え、そして私は自分の仕事をする」と彼女は言った｜スピーチの最後に。

7. 2022年9月6日から8日の世論調査に影響はあったのか？

SDP : n kannatus laski mittausjaksolla vajaan prosenttiyksikön. Tosin kyselyn tausta-aineistosta selviää, että pudotus ei näytä liittyvän juhlinta-videoihin tai Kesärannassa otettuihin valokuviin. 【218/231】

単語・表現

SDP = Sosiali-demokraattinen Puolue「社会民主党」／ **kannatus**「支持（率）」< kannattaa ／ **mittaus-jakso**「調査期間」／ **vajaan**「〜弱」／ **prosentti-yksikkö**「パーセントポイント」／ **tosin**「ただし」< tosi ／ **tausta-aineisto**「背景となるデータ」／ **selvitä**「明らかとなる」< selvä ／ **pudotus**「低下、下落」< pudottaa ／ **ei näytä liittyvän**「結びついてはいないようだ」(liittyvän 能現分 [属] < liittyä、näyttää + 分詞の属格「〜するようだ」) ／ **juhlinta**「大騒ぎすること、パーティー」< juhlia ／ **otettuihin**「取られたような」受過分 [複入] < ottaa

訳例

社民党の支持率は落ちた｜（今回の世論調査の）調査期間中に｜1パーセント・ポイント弱。ただし、アンケートの背景データからは明らかになる｜ [（支持率）低下は関係なさそうだ｜パーティーのビデオとは｜あるいは Kesäranta で取られた写真とは]。

読んでみよう

8. 支持率は若干だが、むしろ上がったのかもしれない

Kannatusmenetykset mittausjaksolla tapahtuivat pääosin ennen kuin kooste tanssivideoista päätyi julkisille some-tileille ja sitä kautta tiedotusvälineisiin. Demareiden kannatus oli hieman vahvempaa kohun jälkeen kuin sitä ennen. 【219/231】

単語・表現

menetykset「失うこと」[複主] ＜ menettää ＜ mennä／**pää-osin**「おもに、大部分は」／**kooste**「まとめ、編集物」／**päätyä**「いたる、行き着く」＜ pää／**some-tili**「ソーシャルメディアのアカウント」／**tiedotus-välineisiin**「マスメディアへ」[複入] ＜ -väline／**demari**「社会民主党員」＜ demokraatti／**vahvempaa**「より強い」比 [分] ＜ vahva／**kohu**「センセーション、スキャンダル、騒ぎ」

訳例

［支持率を失ったことは｜調査期間中に｜おもに起こった｜［（次のことよりも）以前に｜（Marinの）ダンスのビデオを編集したものが行き着くより｜公のソーシャルメディアのアカウントに｜そして、それを通じてマスメディアに（行き着くより以前に）］。社民党の支持率は若干強かった｜騒動の後では｜それ以前よりも。

読んでみよう

9. Marinさんを支持する動きは世界中に

Useat julkisuuden henkilöt ja poliitikot ympäri maailmaa ovat antaneet tukensa pääministeri Sanna Marinille tuoreimman juhlimiskohun jälkeen. Nyt tukijoiden joukkoon on liittynyt Yhdysvaltojen entinen ulkoministeri ja vuoden 2016 presidentinvaalien ehdokas Hillary Clinton.
– Jatka tanssimista, Sanna Marin, Clinton päättää tviitin. 【220/231】

単語・表現

julkisuuden henkilö「公人」／**tukensa**「自らの支持を」[属対] ＋複3所接 ＜ tuki／**tuoreimman**「最新の」最 [属] ＜ tuore／**juhlimis-**「祝うこと」＜ juhliminen 動名 ＜ juhlia／**tukijoiden**「支援者たちの」[複属] ＜ tukija ＜ tukea／**ulko-ministeri**「外務大臣、国務長官」／**tviitin**「ツイートを」[属対] ＜ tviitti

［多くの公人や政治家たちが｜世界中の］｜支持を与えた｜首相Sanna Marinに対して｜最近のパーティ・スキャンダルの後で。

今度は支持者の仲間に入った｜アメリカ合衆国の元国務長官、そして2016年大統領選の候補ヒラリー・クリントンが。

―「踊り続けて、Sanna Marin」とクリントンはツイートを締めくくっている。

10.世界中の女性たちがソーシャルメディアでMarinさんを支持

Ison-Britannian luetuin lehti Daily Mail uutisoi pääministeri Sanna Mari-nin (sd) sosiaalisessa mediassa saamasta tuesta. Naiset ympäri maailman jakavat videoita aihetunnisteilla #solidaritywithsanna (solidaarisuutta Sannalle) #istandwithsanna (seison Sannan tukena). Videoiden naiset haluavat ottaa kantaa tanssimisen ja juhlimisen puolesta. 【221/231】

Ison-Birtannian「イギリスの」［属］＜ Iso-Britannia ／ **luetuin**「もっとも読まれているような」最 ＜ luettu 受過分 ＜ lukea ／ **Daily Mail**「デイリー・メイル」（イギリスのタブロイド紙）／ **uutisoida**「報道する」＜ uutinen ／ **Marinin sosiaalisessa mediassa saamasta tuesta**「Marinがソーシャルメディアにおいて得た支援について」（saamasta 動分［出］＜ saada, tuesta［出］＜ tuki）／ **aihe-tunniste**「ハッシュタグ」（aihe「話題」、tunniste「識別子、タグ」＜ tunnistaa）／ **ottaa kantaa**「意見表明をする」

イギリスでもっとも読まれている新聞Daily Mailは報道している｜Sanna Marin首相（社民党）がソーシャルメディア上で受けた支持について。世界中の女性たちが動画をシェアしている｜［ハッシュタグをつけて｜#solidaritywithsanna（Sannaに連帯を）、#istandwithsanna（私はSannaの味方である）」という］。動画の女性たちは望んでいる｜態度を明確にすることを｜踊ることと祝うことを擁護するために。

次期首相としてもっともふさわしいという世論調査の結果が出ているMarinさんだが、2023年4月2日の国会議員選挙はどのような結果に終わっているのか、残念ながら執筆時には分からない。

30 「大当たり」ではないけれど Suomi

2022年の国際連合の幸福度レポート（YK:n onnellisuusraportti）で5年連続「幸福度」1位となったフィンランド。本当にそんなに幸福なのか。まず幸福度レポートの概要から。

読んでみよう

1.「世界幸福度レポート」で5年連続1位のフィンランド

Maailman onnellisuusraportin kyselytutkimuksessa vastaajia pyydetään arvioimaan nykyistä elämäänsä asteikolla nollasta kymmeneen. Parhainta mahdollista elämää kuvaa 10, huonointa 0...

Vastauksia kerätään noin tuhannelta asukkaalta jokaisesta maasta. Vuoden 2022 raportissa on mukana 146 maata, eli vastaajia on kaikkiaan lähes 150 000 ihmistä ympäri maailmaa.......

Tämän mittaustavan mukaan Suomi on maailman onnellisin maa, nyt jo viidettä vuotta peräkkäin ja entistä selvemmällä erolla perässä tuleviin.

【222/231】

単語・表現

asteikko「等級、尺度」< aste ／ **mittaus-tapa**「測定法」／ **viidettä vuotta peräkkäin**「5年連続して」(viidettä [分] < viides < viisi) ／ **entistä**「以外よりも」／ **selvemmällä**「より明確な」比 [接] < selvä ／ **perässä tuleviin**「後ろに来る者たちへ」(tuleviin 能現分 [複入] < tulla)

単語・表現

世界幸福度レポートのアンケート調査では｜回答者は求められる｜［評価するよう｜現在の生活を｜尺度により｜0から10までの］。可能な最高の生活を示すのが10｜最悪（の生活）を（示すのが）0。

回答は集められた｜［約1000人の住民から｜それぞれの国から］。2022年のレポートでは146カ国が参加している、｜つまり回答者は全部で15万人近い人々である｜世界中の。

この測定方法によれば｜フィンランドは世界でもっとも幸福な国だ、｜今回すでに5年連続で｜そして以前よりも明確な差で｜次に続く国々に対して。

● ［「幸福」を意味する emoji
―スウェーデンに勝った時が「至福のひととき」？］
this is Finland
https://finland.fi/emoji/

2. しかし、幸福かどうか順位を決めることにそもそも意味はあるのか

Hän sanoi, että onnellisuustutkimuksen lähtökohdat ovat hyvin länsimaisia. Samalla hän pohti, miten järkevää ylipäätään on laittaa maailman maita järjestykseen tällaisilla perusteilla.

Suojasen mukaan tutkimuksen kriteereitä ovat ihmisten oma onnellisuuskokemus sekä maan bruttokansantuote, eliniän odote, ystävyyssuhteet, hyväntekeväisyyteen käytettävät rahat ja hallinnon korruptoitumattomuus sekä vapaus päättää omista asioista.

Niidenkin perusteella Suomen ykkössijan voi asettaa kyseenalaiseksi. Uskottavalta vaikuttaa vain korruptoitumattomuus.　　　　　【223/231】

hän はここでは研究者であるIlona Suojanenのこと。／ **länsi-mainen**「西洋的な、欧米的な」／ **järkevä**「理性的な」< järki ／ **yli-päätään**「そもそも」／ **laittaa järjestykseen**「順番に並べる」／ **kriteeri**「基準」／ **brutto-kansan-tuote**「国内総生産（GDP）」／ **elin-ikä**「寿命」／ **odote**「予想値」< odottaa ／ **hyvän-tekeväisyys**「慈善」／ **käytettävät**「使われるような」受現分［複主］< käyttää ／ **korruptoitumattomuus**「腐敗していないこと、透明度」< korruptoitumaton 否分 < korruptoitua ／ **ykkös-sija**「首位、一位」／ **kyseen-alainen**「疑わしい」／ **uskottavalta vaikuttaa**「信頼できるように思われる」（uskottavalta 受現分［奪］< uskoa）

　彼女は言った、｜幸福研究の出発点は非常に欧米的だと。同時に彼女は考えた、｜［いかに合理的なのかを｜そもそも｜並べることが｜世界の国々を｜順番に｜このような基準で］。

　Suojanenによれば｜調査の基準は｜人々自身の幸福感｜そして国のGDP、｜平均寿命、｜友人関係、｜慈善事業に使う金｜そして行政の非腐敗性（透明度）｜さらに自分のことを決められる自由である。

　これらにもとづいても｜フィンランドが1位であることには｜疑問を投げかけることができる。信頼できそうに思われるのは｜腐敗がないことだけだ。

3. 依然として自殺者も抗うつ剤の使用者も少なくはないフィンランド

Suomi ei ole enää maailman synkimpiä itsemurhamaita. Silti 13 itsemurhaa sataa tuhatta asukasta kohti on paljon. Luku on eurooppalaista keskitasoa.

Masennuslääkkeitä käyttää lähes puoli miljoonaa suomalaista. 【224/231】

単語・表現

synkimpiä「もっとも陰鬱な」最［複分］＜ synkkä／**itse-murha**「自殺」／**kohti**「…あたり」／**keski-taso**「平均レベル」／**masennus**「うつ病」＜ masentua, masentaa

訳例

　フィンランドはもはや世界でもっともひどい自殺大国ではない。それでも［13件の自殺は｜10万人あたり］｜多い。この数はヨーロッパの平均レベルである。

　抗うつ剤を使っている｜50万人近くのフィンランド人が。

読んでみよう

4. 物理的暴力の標的になっているフィンランド人女性は約半数近くも！

Karuinta luettavaa ovat uutiset suomalaisesta vanhusten hoidosta sekä tilastot perheväkivallasta. EU-tutkimuksen mukaan Suomi on naisille unionin toiseksi turvattomin maa.

Tutkimuksessa lähes puolet suomalaisista naisista kertoi kokeneensa fyysistä väkivaltaa 15 ikävuoden jälkeen. Noin kolmannes maassamme tehtävistä väkivaltarikoksista on nykyisen tai entisen kumppanin tekemiä.

【225/231】

単語・表現

karuinta「もっとも厳しい」最［分］＜ karu／**luettava**「読み物」受現分＜ lukea／**tilasto**「統計」／**toiseksi turvattomin**「二番目に安全ではない」(turvattomin 最＜ turvaton ＜ turva)／**kertoi kokeneensa**「自分が経験したと語った」〔分構〕／**fyysinen**「肉体的な、物理的な」／**ikä-vuosi**「年齢」／**kolmannes**「3分の1」／**maassamme tehtävistä väki-valta-rikoksista**「我が国で行われる暴力犯罪のうち」(tehtävistä 受現分［複出］＜ tehdä)／**tekemiä**「〜が行うような（もの）」動分［複分］＜ tehdä

訳例

　もっとも殺伐とした｜読むべきものは｜［ニュースである｜フィンランドの高齢者介護に関する］｜そして［統計である｜家庭内暴力に関する］。EUの調査によれば｜フィンランドは女性にとって｜EUの中で2番目に安全でない国である。

調査では半数近くのフィンランド女性が語った｜経験したと｜身体的暴力を｜15歳以降に。約3分の1が｜我が国で行われる暴力犯罪のうち｜現在または過去のパートナーが行ったものだ。

5. そもそも国の「幸福度」を測ることなどできるのか

Happiness-substantiivia vastaava adjektiivi on happy. Sillä on englannissa laajempi, yleisempi merkitys kuin vain "onnellinen". Useissa yhteyksissä se voidaan kääntää suomeksi "tyytyväinen". Niinpä YK-tutkijat eivät selvitä niinkään kansojen onnellisuutta vaan sitä, kuinka tyytyväisiä eri valtioiden asukkaat ovat elinoloihinsa.

Suomen kielessä onnellisuus on korkeampi tunnetila kuin tyytyväisyys, olkoonkin, että ne ovat samaa sukua. Vain ihminen voi olla aidosti onnellinen, ei kansa kokonaisuudessaan. Siksi on mielekkäämpää puhua kansalaisten tyytyväisyydestä kuin kansan onnellisuudesta.　　　【226/231】

単語・表現

vastaava「相当するような」能現分＜ vastata ／ **yhteys**「結びつき、文脈」＜ yksi ／ **niin-kään**「必ずしも」／ **tunne-tila**「感情、心的状態」／ **olkoonkin, että ~**「～だとしても」(olkoon［命］単3 ＜ olla) ／ **aidosti**「本当に」＜ aito ／ **mielekkäämpää**「より合理的だ」比［分］＜ mielekäs

訳例

　happinessという名詞に対応する形容詞はhappyである。その語には英語では｜より広い、｜より一般的な意味がある｜ただonnellinen「幸せな」というよりも。多くの文脈において｜それは［訳すことができる｜フィンランド語でtyytyväinen「満足な」と］。そうであるなら国連の研究者たちは［明らかにしているのではない｜必ずしも国民の幸福度を］｜そうではなく、［どのくらい満足しているのかを(明らかにしている)｜異なる国々の住民たちが｜自らの生活状況に]。

　フィンランド語ではonnellisus「幸福」はより高い心的状態である｜tyytyväisyys「満足」よりも｜［たとえ｜それら二つが近い意味をもつとしても(同族だとしても)］。人間だけが本当に幸せでいることができる、｜国民が全体として(幸せでいられるということ)ではない。だから、より合理的だ｜話すことが｜［市民たちの満足について｜国民(全体)の幸福についてよりも]。

6. 幸福研究に取り組むイタリア人 Jennifer De Paola さんの言葉

a. Onnellisuuden ja onnettomuuden käsitteet eivät ole toistensa vastakohtia.

b. Onnellisuus ja onnettomuus eivät ole saman jatkumon kaksi erillistä päätä, vaan kulkevat pikemminkin rinnakkain, ja niiden välissä on yhteys.

c. Onnellisuuden käsite on haastava. Tiedemaailmassa ei ole sen määrittelystä yksimielisyyttä, kuten ei myöskään ole yksimielisyyttä siitä, mitä onnellisuus ihmisten keskuudessa on. 【227/231】

第3部 深める

単語・表現

toistensa「おたがいの」[複属]＋複3所接 ＜ toinen／**vasta-kohta**「反対」／**jatkumo**「連続体」＜ jatkua／**rinnakkain**「並んで、並行して」／**haastava**「挑戦的な、難しいが魅力的な」能現分 ＜ haastaa／**yksi-mielisyys**「意見の一致」＜ yksi-mielinen

訳例

a.「幸福」と「不幸」という概念はおたがいの逆ではない。

b.「幸福」と「不幸」は同じ連続体の二つの両端ではない、｜そうではなく歩んでいる｜むしろ並んで、｜そして、それらの間にはつながりがある。

c.「幸福」という概念は挑戦的なものだ。科学の世界にはない｜[その定義について｜意見の一致は]、｜（次のことと）同じように｜[やはり意見の一致はない｜幸福とな何なのかについて｜人々の間における]。

読んでみよう

7. 2021年4月の記事―幸福の国フィンランドはアメリカでも話題？

Amerikkalainen The New York Times on julkaissut laajan, humoristiseen sävyyn kirjoitetun artikkelin siitä, miksi suomalaiset ovat niin onnellisia. Lehti pohjaa väitteensä YK:n onnellisuusraporttiin, jossa Suomi on pitänyt kärkisijaa jo neljättä vuotta peräkkäin.

– Todellako? suomalaiset ihmettelevät lehden mukaan kotimaansa hyvää sijoitusta. 【228/231】

単語・表現

humoristiseen sävyyn kirjoitetun「ユーモアのある調子で書かれた」(sävy「(音や声などの)調子、ニュアンス」、kirjoitetun「書かれた」受過分 [属対] ＜ kirjoittaa)／**pohjata**「もとづかせる」＜ pohja／**väitteensä**「自分の主張を」[属対]＋単3所接 ＜ väite／**neljättä vuotta peräkkäin**「4年続けて」(neljättä [分] ＜ neljäs ＜ neljä)

　アメリカのニューヨーク・タイムズ紙は発表している｜広範で、ユーモアあふれる調子で書かれた記事を｜なぜフィンランド人たちがそれほど幸せなのかということについて。

　同紙はもとづかせている｜自らの主張を｜国連の幸福度レポートに、｜そのレポートの中ではフィンランドが首位を守っている｜すでに4年連続で。

―「本当なのか？」フィンランド人たちは驚いている｜同紙によれば｜自国のよい順位に。

8. 表面的なことではなく目を向けるべきは「政治哲学」！

Lehti toteaa, että kaikissa Top 10 maissa, joihin lukeutuvat Suomen lisäksi muun muassa muut Pohjoismaat, on varsin erilainen poliittinen filosofia kuin Yhdysvalloissa, esimerkiksi terveydenhuollon ja taloudellisen tasa-arvon suhteen.　　　　　　　　　　　　　　　　　　　【229/231】

lukeutua「属する、数えられる」＜ lukea／**Yhdys-valloissa**「合衆国において」[複内]＜ **Yhdys-vallat**「（アメリカ）合衆国」（vallat[複主]＜ valta)／**terveyden-huolto**「保健医療（事業)」／**suhteen**「～に関連して、～について」

　同紙は述べている、｜［すべての上位10か国には、｜そこには含まれる｜フィンランドに加え、なかでも他の北欧諸国が、］｜非常に異なる政治哲学がある｜アメリカ合衆国とは、｜たとえば保健医療事業や経済的平等に関連して。

9. ソーシャル・ディスタンスのおかげでフィンランド人は以前よりも身近に？

Lehti aloittaa jutun kertomalla Suomessa tutun vitsin pandemia-aikaan liittyvistä kahden metrin turvaväleistä:
– Miksi emme voi pitää normaaleja neljän metrin välejä?
Suomalaiset ovat lehden mukaan omaksuneet kuvan itsestään melankolisina ja pidättyväisinä - ihmisinä, jotka pitivät turvavälejä jo kauan ennen pandemiaa.　　　　　　　　　　　　　　　　　　　【230/231】

単語・表現

kertomalla「語ることにより」MA不［接］＜ kertoa ／ **pandemia-aikaan liittyvistä**「パンデミックの時代に結びつくような」／ **turva-väli**「安全な距離、ソーシャル・ディスタンス」／ **pitää**「保つ」／ **omaksua**「採用する、受け入れる」／ **melankolisina**「憂鬱なものとして、陰鬱なものとして」［複様］＜ melankolinen ／ **pidättyväisinä**「控えめなものとして、内向的なものとして」［複様］＜ pidättyväinen ＜ pidättyä

訳例

　同紙は記事を始めている｜［語ることにより｜フィンランドではおなじみの冗談を｜パンデミックの時代に結びつく2メートルの安全距離（ソーシャル・ディスタンス）についての］：｜―なぜ我々はいつも通りの4mの距離を保ってはいけないのか。

　フィンランド人たちは｜同紙によれば｜受け入れている｜［イメージを｜自分たち自身について｜暗く内向的だという］｜―［人間だという（イメージを）｜それらは安全距離を保っていた｜すでにパンデミックのずっと以前から］。

- ［「バス停」のemoji―「ソーシャルディスタンス」なんて、わざわざ言う必要なんかない］
  this is Finland
  https://finland.fi/emoji/

読んでみよう

10.「フィンランドに生まれることは大当たり！」ではなさそう

Suomeen syntyminen on lottovoitto, mutta ei jättipotti. Viisi oikein saattaa olla lähellä totuutta. 【231/231】

単語・表現

lotto「ロト（1から40までの数字のうち7つを選択し、当たった数によって賞金が手に入る）」／ **jätti-potti**「多額の繰り越し賞金、キャリーオーバー」／ **viisi oikein**「5つ正解」

訳例

　フィンランドに生まれることはロトに当たるようなものである、｜しかし大当たりというわけではない。「（7つの数字のうち）5つ当たり」というのが真実に近いところだろう。

　皆が「5つ当たり」と思えるような社会になればよいと思う。それではお疲れさまでした。

出典一覧

・《 》内の数字は本書で引用したページ番号。
・〈 〉はインターネット上Webサイトの URL。
・Webサイトの最終閲覧日は 2022 年 10 月 1 日。

第1部

01
1,2. Vehkasalo, Jussi. 2020. "Englannin kielen ylivalta Helsinki-Vantaan lentoaseman opasteissa repäisi kieliriidan auki–Finaviaa syytetään halveksinnasta kotimaisia kieliä kohtaan. " *Vantaan Sanomat*, 21.8.2020. <https://www.vantaansanomat.fi/paikalliset/262234>.
3. "Kellonaika Tokiossa, Japanin aikavyöhyke ja aikaero Suomeen nähden." *Pieni Matkaopas*. <https://www.pienimatkaopas.com/kellonaika/tokio.htm>.
4, 5, 6. Forsman , Carita. 2022. "Kellot kesäaikaan jälleen maaliskuun viimeisenä sunnuntaina - siirtely jatkunee ainakin vuoteen 2023." *Oulun kaupungin verkkomedia-lämpimällä sydämellä Oulusta*. <https://www.munoulu.fi/artikkeli/-/id/kellot-talviaikaan-jalleen-sunnuntaina-siirtely-jatkuu-ainakin-vuoteen-2022>.

02
1. "Sukupuolineutraalit wc : t Suomessa." *Translasten ja – nuorten perheet ry*. <https://www.transperheet.fi/wc/>.
2. Strömberg, Jari. 2017. "Sukupuolineutraali wc sai oman merkkinsä." *yle Uutiset* (27.6.2017). <https://yle.fi/uutiset/3-9692603>.
3. Oikeusministeriö. 2021. *Tutkimustietoa seksuaali-ja sukupuolivähemmistöjen tilanteesta Suomessa*. 《5》 <https://yhdenvertaisuus.fi/documents/5232670/5376058/OM_policy_brief_5_web.pdf/aced140e-d940-b37b-a4ce-ad-59cf92be1b7b/OM_policy_brief_5_web.pdf?t=1618904629224.>
4. Lipasti, Laura & Marjut Pietiläinen. 2020. "Sateenkaariperheiden määrä kasvaa – osa perheistä jää tilastoissa yhä piiloon." *Tieto & Trendit*. Tilastokeskus. <https://www.stat.fi/tietotrendit/artikkelit/2020/sateenkaariperheiden-maara-kasvaa-osa-perheista-jaa-tilastoissa-yha-piiloon/>
5. "Kansalaisaloite avioliittolaista keräsi yli 100 000 nimeä." 2013. *Turun Sanomat*, 19.3.2013. <https://www.ts.fi/uutiset/464096>
6. Avioliittolaki. *Finlex*. < https://www.finlex.fi/fi/laki/ajantasa/1929/19290234>

03
1,2,3. "Liikkuminen Helsingissä." *My Helsinki*. <https://www.myhelsinki.fi/fi/info/liikkuminen-helsingiss%C3%A4>.
4. "Saapuminen Helsingissä." *My Helsinki*. <https://www. myhelsinki.fi/fi/info/saapuminen-helsinkiin>.
5,6,7.= 1.

04
1,2,3,4. *SOUP + MORE*. <https://soupandmore.fi/>.
5. "Ravintola Kappeli." *My Helsinki*. <https://www.myhelsinki.fi/fi/sy%C3%B6-ja-juo/kahvilat/ravintola-kappeli>.

05
1a,1b,1c,2,3. *Harju, Elli*. 2017. "Hissin napin painaminen kielletty aikuisilta-hotellin hauskassa kyltissä laitetaan lapset etusijalle." *Iltalehti, 28.3.2017*. <*https://www.iltalehti.fi/uutiset/a/201703282200093124*> c
4~7. *Pienten Helsinki*. <https://www.pientenhelsinki.fi>.

06
1,2. Vierailija. 2016. "Helsingin keskuspuistossa on metsän tuntua." *RETKIPAIKKA*. <https://retkipaikka.fi/helsingin-keskuspuistossa-on-metsan-tuntua/>.
3. "Keskuspuisto–Helsinkiä halkova keskusmetsä." *My Helsinki*. <https://www.myhelsinki.fi/fi/n%C3%A4e-ja-koe/luonto/keskuspuisto-helsinki%C3%A4-halkova-keskusmets%C3%A4>
4,5.=1.
6.=3.
7. "Nuuksion kansallispuisto." *Luontoon.fi*. <https://www.luontoon.fi/nuuksio>.
8. "Saapuminen Nuuksioon." *Luontoon.fi*. <https://www.luontoon.fi/nuuksio/saapuminen> .

07
1~4. Ympäristönhallinnon yhteinen verkkopalvelu. 2013. "Jokamiehenoikeudet." *Ymparito.fi*. <https://www.ymparisto.fi/fi-FI/Luonto/jokamiehenoikeudet (16989) >.
5. Tuunanen, Pekka, Markus Tarasti & Anne Rautiainen (toim.). 2012. *Jokamiehenoikeudet ja toimiminen toisen alueella: Lainsäädäntöä ja hyviä käytäntöjä*. Ympäristöministeriö. 《13》 <https://helda.helsinki.fi/bitstream/handle/10138/38797/SY30_2012_Jokamiehenoikeudet.pdf>.
6.= 5. 《20》
7.= 5. 《84》

08
1. Johansson, Urho, Leena Kirstinä, Irmeli Panhelainen & Anneli Vähäpassi. 1989. *Kieli ja kirjallisuus III*. Kirjayhtymä. 《36》
2. "Helsinki helmilöissä." *Runosto*. <http://runosto.net/eino-leino/pyha-kevat/helsinki-helmiloissa/>.
3. Kuronen, Kirsti, Raili Mikkanen, Minna Mikkonen & Mila Teräs. 2015. "Iki-ihanat kissat" *Grafomania*. <https://grafomania.wordpress.com/2015/10/01/iki-ihanat-kissat/>.

09
1,2. Tervomaa, Raija. 2003. *Kättä päälle. Kansanvalistus-*

seura.《122》

3.Hottinen-Puukki, Heli. 2015. *Suomen talvi*. Suomalaisen kirjallisuuden seura. 《128-129》

4,5."Yritä napapiiri Rovaniemellä." *Visit Rovaniemi*. <https://www.visitrovaniemi.fi/fi/ihastu/napapiiri/>.

6."Elämykset." *SantaPark*. <https://santapark.fi/fi/elamykset/>.

7.=4.

8.=3.《129》

10

1a."Mikä Oodi?" *Oodi*. <ttps://www.oodihelsinki.fi/mika-oodi/>..

1b,2."Oodin arkkitehtuuri." *Oodi*. <https://www.oodihelsinki.fi/mika-oodi/arkkitehtuuri/>

3.Sirén,Vesa. 2018."Oodi-kirjaston keskeneräinen taideteos herätti ihmettelyä naisvihasta - "Kyseessä oli tekninen kömmähdys",taiteilija kertoo."*Helsingin Sanomat*(25.11.2018). <https://www.hs.fi/kulttuuri/art-2000005911240.html>.

4."Omistuskirjoitus." *HAM*. <https://www.hamhelsinki.fi/sculpture/omistuskirjoitus-otto-karvonen/>.

5."Oodin kierreportaiden taideteos koettavissa verkossa". *Oodi*. <https://www.oodihelsinki.fi/oodin-kierreportaiden-taideteos-koettavissa-verkossa/>.

6."Tämä kuva aiheutti porun: Helsingin keskustakirjasto Oodi omistettiin naisvihaajille – vai omistettiinko? "Tämä on sellainen paikka, minne myös ikävillä ihmisillä on vapaa pääsy"." 2018. *MTV Uutiset*, 25.11.2018 16:13 (PÄIVITETTY 25.11.2018 21:57). <https://www.mtvuutiset.fi/artikkeli/tama-kuva-aiheutti-porun-helsingin-keskustakirjasto-oodi-omistettiin-naisvihaajille-vai-omistettiinko-tama-on-sellainen-paikka-minne-myos-ikavilla-ihmisilla-on-vapaa-paasy/7178652#gs.85j3k8>.

7."Julkinen taide Oodissa".*Oodi.<https://www.oodihelsinki.fi/mika-oodi/taide/>*

第2部

11

1~3.Länsimäki, Maija.2003. "Suomalaista sisua." *Kotimaisten kielten keskus.* < https://www.kotus.fi/nyt/kolumnit_artikkelit_ja_esitelmat/kieli-ikkuna_%281996_2010%29/suomalaista_sisua>.]

4."Suomen sana on sisu." 2017.*Kotimaisten kielten keskus*. <https://www.kotus.fi/nyt/uutistekstit/kotuksen_uutiset/kotuksen_uutisten_arkisto_%282013-2019%29/kotuksen_uutiset_2017/suomen_sana_on_sisu.26480.news>.

5.STT, Markku Saarinen & Olli Waris》2015. "Sipilän kolme ässää: keskusta, perussuomalaiset ja kokoomus." *Iltalehti*, 7.7.2015. <https://www.iltalehti.fi/uutiset/a/2015050719644951>.

6.Tikkanen, Henry. 2015."Neljä "ässää": Sipilä, Soini, Stubb ja Saatana." *yle.fi*. <https://yle.fi/aihe/artikke-li/2015/09/11/nelja-assaa-sipila-soini-stubb-ja-saatana>.

7.Sanakirjan toimitus, Riitta Eronen & Raija Moilanen. 2016."Sanapoimintoja vuodelta 2016 : SOS-hallitus." *Kotimaisten kielten keskus*. https://www.kotus.fi/sanakirjat/kielitoimiston_sanakirja/uudet_sanat/vuoden_sanapoiminnot/sanapoimintoja_2016#ST>.

8a."Emoji-joulukalenteri esittelee suomalaisia tunteita: Tiedote 266/2015." 2015. *Kroatia Suomen suurlähetystö, Zagreb*. <https://finlandabroad.fi/web/hrv/ajankohtaista/-/asset_publisher/TV8iYvdcF3tq/content/emoji-joulukalenteri-esittelee-suomalaisia-tunteita/384951>.

8b."Luja tahto vie läpi harmaan kiven." *VTKL Vahvike ryhmä ja virketoiminnan aineistopankki*. <https://www.vahvike.fi/fi/kuvat/kuva/2852>.

9.Tamminen,Olli. 2020."Emojit–digitaalisen viestinnän hieroglyfit". *Kielikello*.<https://www.kielikello.fi/-/emojit-digitaalisen-viestinnan-hieroglyfit>.

12

1,2."Saunaperinne Suomesta valittiin Unescon aineettoman kulttuuriperinnön luetteloon." 2020. *Museovirasto*. <https://www.museovirasto.fi/fi/ajankohtaista/saunaperinne-unescon-aineettoman-kulttuuriperinnon-luetteloon>.

3."Suomalainen sauna."*Discovering Finland*. <https://www.discoveringfinland.com/fi/tietoa-suomesta/finnish-sauna- culture/>.

4."Suomen saunaseuralta uudet ohjeet hyvään sanomiseen."2018. *Suomen Saunaseura ry:n jäsenlehti Sauna* 1/2018.《19》<https://sauna.fi/sauna-lehti/vuosikerrat/>よりダウンロード。

5."Kalevala. Viidesviidettä runo". *Suomalaisen kirjallisuuden seura*. <http://nebu.finlit.fi/kalevala/index.php?m=1&s=18&l=1>.

13

1."Saunasanan lauteilla."2021.*Kotimaisten kielten keskus*. <https://www.kotus.fi/nyt/kotus-vinkit/sanasaunan_lauteilla.35466.news>.

2.*Kielitoimiston sanakirja.* <https://www.kielitoimistonsanakirja.fi/#/>.

3,4.=1.

5."Vihta vai vasta?" *Suomen saunaseura*. <https://sauna.fi/saunatietoa/saunavihta-ja-vihdonta/vihta-vai-vasta/>.

6,7.Aapala, Kirsti. "Vasta ja vihta." *Kotimaisten kielten keskus*. <https://www.kotus.fi/nyt/kysymyksia_ja_vastauksia/sanojen_alkuperasta/sanojen_alkuperasta_u-o/vasta_ja_vihta>.

8.Eino Leskinen(toim.).1946. *Suomen Sauna.* Oy Suomen kirja. 《191》

14

1.Elo, Tuulikki, Ilpo Probost & Päivä Virén. 2002. *Suomiopas*. WSOY. 《130》

2,3.Kangasniemi, Heikki. 2006. *Suomen kielen tekstinymmärtämisharjoituksia.* TAMMI. 《85》

4.=2. 《86》

5."Jean Sibelius ja Kalevala (Ote Kalevi Ahon artikkelista Kalevala ja suomalainen taidemusiikki. *Kalevalan kulttuurihistoria*, SKS 2008.)." 2018. *Kalelan kulttuurihistoria*. <https://kaku.kalevalaseura.fi/jean-sibelius-ja-kalevala/>.
6a.*Tieteen termipankki.* <https://tieteentermipankki.fi/wiki/Kirjallisuudentutkimus:kansallisromantiikka>.
6b."Kalevala, kansalliseepos". *Suomalainen kirjallisuuden seura.* <http://nebu.finlit.fi/kalevala/index.php?m=11&l=1>.
7.=6a.
8.= 2. 《86》
9.Seppälä, Elina & Mikko-Olavi Seppälä. 2020. *Suomen kultakausi.* WSOY. 《9》

15

1.Noriko, Otsuki (Suom. Sirkku Sakane). 2011. "Kaj Franck ja Japani". Designmuseo. *Kaj Franck Universaaleja muotoja.* 《120》
2.=1. 《129》
3.Jantunen, Päivi Jantunen. 1999. *Kaj & Franck.* WSOY. 《11》
4.Härkäpää, Maria, Sami Sykkö, Annukka Arjavirta & Minna Kemell-Kutvonen. 2012. *Kuvioissa marimekko.* WSOY. 《6》
5a,5b.=4. 《8》
5c.=4. 《11》
6.=9課の3. 《152》
7.Englund, Magnus & Chrystina Schmidt. 2004. *Pohjoismainen modernismi.* Otava. 《27》
8.Salakari, Tuula & Katri Lehtola. 2012. *Suomalaisia tuoleja.* WSOY. 《32》

16

1.*Kielitoimiston sanakirja.* <https://www.kielitoimistonsanakirja.fi/#/>.
2.Aapala, Kirsti."Talkoot ja talkoistaa." *Kotimaisten kielten keskus.* <https://www.kotus.fi/nyt/kysymyksia_ja_vastauksia/sanojen_alkuperasta/sanojen_alkuperasta_s-t/talkoot_ja_talkoistaa>.
3,4."Talkoiden järjestäminen ja talkootyö". *Suomi.fi.* <ttps://www.suomi.fi/kansalaiselle/oikeudet-ja-velvollisuudet/perusoikeudet-ja-vaikuttaminen/opas/vapaaehtoistyo/talkoiden-jarjestaminen-ja-talkootyo>.
5,6."Vapaaehtoisten Helsinki/Talkoot."*My Helsinki.* <https://vapaaehtoistoiminta.hel.fi/tehtavat/talkoot/>
7.=2.

17

1,2."Suomen perustuslaki." *Finlex.* <https://www.finlex.fi/fi/laki/ajantasa/1999/19990731>
3,4."Kielilaki". *Finlex.* <https://www.finlex.fi/fi/laki/ajantasa/2003/20030423?search%5Btype%5D=pika&search%5Bpika%5D=kielilaki>
5."Saamen kielilaki". *Finlex.* <https://www.finlex.fi/fi/laki/ajantasa/2003/20031086?search%5Btype%5D=pika&search%5Bpika%5D=saamen%20kielilaki>
6."Viittomakielilaki". *Finlex.* <http://www.finlex.fi/fi/laki/ajantasa/2015/20150359?search%5Btype%5D=pika&search%5Bpika%5D=viittomakielilaki>
7.=6.

18

1.Kaartinen, Marjo, Hannu Salmi & Marja Tuominen. 2016. *Maamme: Itsenäinen Suomen kulttuurihistoria.* Suomelaisen Kirjallisuuden Seura. 《427》
2.Edgren , Torsten, Merja Manninen & Jari Ukkonen. 2003. *eepos.* WSOY. 《231》
3.Koli, Mari. 1999. "Suomenruotsalaisuuden synty". Lea Rojola (toim.) *Suomen kirjallisuushistoria 2.* Suomalaisen kirjallisuuden seura. 74-75. 《74》
4.Westerholm, John. 1999. "Kansa ja alue: Suomenruotsalaiset osana kansakuntaa ja valtiota". Löytönen, Markku & Laura Kolbe. *Suomi, maa, kansa ja kulttuurit.* 278-289. 《282》
5.=4. 《283》
6.=2. 《335》
7.Tommila, Päiviö & Marttia Pohls. 1989. *Herää Suomi.* Kustannuskiila Oy Kuopio. 《244》
8.=4. 《283》
9."Ruotsin kieli valinnaiseksi oppiaineeksi kaikilla koulutusasteilla". 2013. *kansalaisaloite. fi.* < https://www.kansalaisaloite.fi/fi/aloite/131>
10.=1. 《428-429》

19

1.Turi, Johan (Suom. Samuli Aikio). 1979. *Kertomus saamelaisista.* WSOY. 《13》
2~4."Saamelaiset Suomessa". *Sámediggi.* <https://www.samediggi.fi/saamelaiset-info/>
5.=17課の5.
6."tervehdyksiä saamen kielillä". *Sámediggi.* <https://www.samediggi.fi/toiminta/saamen-kieli/tervehdyksia-saamen-kielilla/>.

20

1.Hämäläinen, Anna-Liisa Hämäläinen. 2020. "Näin nuoret naiset nousivat valun huipulle–Tukija: "Nykyinen hallitus on vastareaktio miehiselle politiikkavoimalle"". *Apu.* <https://www.apu.fi/artikkelit/marinin-hallitus-vastareaktio-miehiselle-politiikalle-tutkija>.
2.Karvala, Kreeta. 2019. "Sanna Marinin äiti : "Olen hyvin ylpeä hänestä – hän on minulle kiitollisuuden lähde". *Iltalehti.* <https://www.iltalehti.fi/politiikka/a/3248891b-6b2d-4f8e-bf17-283cae7108c5>.
3.Kappale 2の3. 《28》
4~8. Paananen, Arja. 2019. "Venäläislehti: "Kahden äidin tytär nousee Suomen hallituksen johtoon". *Ilta=Sanomat* (10.12.2019). <https://www.is.fi/ulkomaat/art-2000006349006.html>.
9.=2課の4.
10.=3. 《kansi》
11.=3. 《18》
12.=3. 《33》

第3部

21

1.Kohi, Antti, Hannele Palo, Kimmo Päivärinta & Vesa Vihervä. 2009. *Forum IV Suomen historian käännekohtia.* Otava. 《108》
2~4.=1. 《109》
5.Kolehmainen, Taru. 2005. "Uudissanoja eläkeiässä". *Kielikello.* <https://www.kielikello.fi/-/uudissanoja-elakeiassa>.

22

1.Polameri, Veikko (toim.). 1977. *Runojen kirja–neljä vuosisataa suomalaista runoutta. Otava.* 《514-515》
2. Nummi, Jyrki. 1999. "Väinö Linnan klassikot." Pertti Lassila (toim.). *Suomen kirjallisuuden historia 3: Rintamakirjeistä tietoverkkoihin.* 99-102. 《102》
3.=8課の1. 《310》
4.=Laitinen, Kai. 1981. *Suomen kirjallisuuden historia.* Otava. 《547》
5.=2. 《310》
6.=Kirstinä, Leena. 2000. *Kirjallisuutemme lyhyt historia.* Tammi. 《183》
7.=2. 《310》

23

1a.18課の2 《387》
1b.=21課の1. 《129》
1c.=21課の1. 《129》
2a.=1a. 《386》
2b.=1a. 《388》 》.
2c.=Vahtola, Jouko.2003. *Suomen Historia.* Otava. 《388》
3.=21課の1. 《134》
4a.=21課の1. 《135》
4b.=2c. 《400》
5.=21課の1. 《139》
6,7.=1a. 《416》
8.=21課の1. 《147》

24

1a.Haavikko, Paavo. 1975. *Runoelmat.* OTAVA. 《48》
1b,1c.Sihvo, Hannes. 1999. "Suomalaisuuskeskustelu". Pertti Lassila(toim.). *Suomen kirjallisuushistoria 3: Rintamakirjeistä tietoverkkoihin,* Suomalaisen Kirjallisuuden Seura, 93-98. 《97》
1d.Laine, Jarkko (toim.). 1982. *Suomen kielen sanakirja 3: Suuri sitaattisanakirja.* Otava. 《95》
2.Niemi, Juhani. 1999. "Kirjallisuus ja sukupolvikapina." Pertti Lassila (toim.). *Suomen kirjallisuushistoria 3: Rintamakirjeistä tietoverkkoihin,* Suomalaisen Kirjallisuuden Seura, 158-171 《160》
3a.=2. 《161》
3b.=2. 《161-162》
4.=2. 《160》
5.=8課の1. 《330》
6.Niemi, Juhani. 1999. "Draaman kautta vallankumoukseen?" Pertti Lassila (toim.). *Suomen kirjallisuushistoria 3: Rintamakirjeistä tietoverkkoihin.* Suomalaisen Kirjallisuuden Seura. 172-186. 《175-176》
7.=2. 《163》

25

1a.=23課の1a. 《413》
1b.=21課の1. 《140》
2a,2b.=21課の1. 《148》
3,4.=21課の1. 《150》
5.=21課の1. 《151》
6.Ulkoasiainministeriö. 2015. *Arvio Suomen Mahdollisen Nato-jäsenyyden Vaikutuksista.* 《10》 <https://julkaisut.valtioneuvosto.fi/bitstream/handle/10024/79159/IP1601374_UM_Nato-arvioFI_13371.pdf>.
7.= 6. 《30》
8.Ulkoasiainministeriö. 2015. *Turvallisuuspoliittista yhteistyötä koskeva katsaus, 47.* 《8》 <https://um.fi/documents/35732/48132/turvallisuuspoliittista_yhteisty%C3%B6t%C3%A4_koskeva_katsaus/fb5d191a-5408-8d17-7ca9-e6b9cf177f22?t=1528264903803>.

26

1."Pohjoinen ulottuvuus". *Ulkoministeriö.* <https://um.fi/pohjoinen-ulottuvuus>.
2."Venäjän hyökkäys Ukrainaan". *Ulkoministeriö.* <https://um.fi/venajan-hyokkays-ukrainaan>.
3."Kansa alkaa olla jo pehmitely Natolle – tutkimusjohtajan mukaan suomalaiset kannattavat sotilasliittoon liittymistä enemmän kuin koskaan aikaisemmin". *mtv UUTISET* (26.01.2022). <https://www.mtvuutiset.fi/artikkeli/kansa-alkaa-olla-jo-pehmitely-natolle-tutkimusjohtajan-mukaan-suomalaiset-kannattavat-sotilasliittoon-liittymista-enemman-kuin-koskaan-ennen/8341404#gs.7v637k>.
4.Huhtanen, Jarmo. 2022. "Nato-kannatus nousi ennätykselliseen 73 prosenttiin". *Helsingin Sanomat* (11.5.2022). <https://www.hs.fi/politiikka/art-2000008804287.html>.
5.Maukonen, Riikka & Elina Saarilahti. 2022. "Presidentti Niinistö keskusteli Putinin kanssa puhelimessa-"Keskustelu oli suora ja selväpiirteinen". *Helsingin Sanomat* (14.5.2022). <https://www.hs.fi/politiikka/art-2000008817006.html>.
6~8.Pyy, Tomi. 2022. "Presidentti Biden allekirjoitti Suomen ja Ruotsin Nato-liittymisasiakirjat–Suurlähettiläs Mikko Hautala: Suomen ja Yhdysvaltojen suhde on tiiviimpi kuin koskaan". *Helsingin Sanomat* (9.8.2022). <https://www.hs.fi/ulkomaat/art-2000008993804.html>.
9.Junkkari, Marko. 2022. "Suomi etenee Natoon nyt todella kovaa vauhtia–pyyntö jäsenyysneuvotteluiden aloittamisesta voi lähteä jopa ennen vappua". *Helsingin Sanomat* (15.4.2022). <https://www.hs.fi/sunnuntai/art-2000008672911.html>.

27

1.Härmä, Tomas & Nea Nasib. "Kestävän kehityksen keskeiset käsitteet". *Opetushallitus.* <https://www.oph.fi/fi/opettajat-ja-kasvattajat/kestavan-kehityksen-keskeiset-kasitteet>.

2,3."Suomi jälleen 1.sijalla kestävän kehityksen maavertailussa". *Valtioneuvoston kanslia* (3.6.2022). <https://vnk.fi/-/suomi-jalleen-1.-sijalla-kestavan-kehityksen-maavertailussa>.

4.Silvola, Hanna, Mika Kuisma, Hanna Liappis & Merja Pentikäinen. 2021. *Globaali vastuu: Käsite ja indikaattorit Suomen kestävän kehityksen edistämiseksi.* Opinio juris. <https://kestavakehitys.fi/documents/2167391/5709755/GlobaaliVastuu+Loppuraportti.pdf/285a4b51-76a7-1c6c-a748-4448ae2b297b/Globaali-Vastuu+Loppuraportti.pdf?t=1620823308037>.

5.=4.《17》

6a, 6b.=4.《4》

7.=4.《17》

8,9.Kehityspoliittinen toimikunta. 2021. *Luonnon monimuotoisuus kestävän kehityksen mahdollistajana.* 《9》 <https://www.kehityspoliittinentoimikunta.fi/wp-content/uploads/sites/27/2021/01/KPT_luonnonmonimuotoisuus_analyysi-1.pdf>.

10."Johdatus planetaariseen hyvinvointiin–BENY2021 (PW MOOC I): 4.4. Kestävän kehityksen tavoitteet". JYU Online Courses. <https://onlinecourses.jyu.fi/course/view.php?id=28&section=26>.

28

1,2."Valiokunnat". *Eduskunta.* <https://www.eduskunta.fi/FI/valiokunnat/Sivut/default.aspx 314. = 133, 458.>.

3."Tulevaisuusvaliokunta". *Eduskunta.* <https://www.eduskunta.fi/tulevaisuusvaliokunta>.

4.=Salmi, Hannu. 2016. "Tulevaisuuden Suomi". Kaartinen, Marjo, Hannu Salmi & Marja Tuominen (toim.). *Maamme: Itsenäinen Suomen kulttuurihistoria.* Suomalaisen Kirjallisuuden Seura. 455-462. 《458》

5~7.Hietanen, Olli. 2018. "Tiede ja poliittinen päätöksenteko – esimerkkinä eduskunnan tulevaisuusvaliokunta". *Vastuullinen tiede.* <https://vastuullinentiede.fi/fi/jatkokaytto/tiede-ja-poliittinen-paatoksenteko-esimerkkina-eduskunnan-tulevaisuusvaliokunta>

8.Heikkilä, Aino. 2019. "Mihin humanismia tarvitaan?" *Memorandum.* <https://www.memorandum.fi/mihin-humanismia-tarvitaan/>

9.=Tulevaisuusvaliokunta. 2020. *Koronapandemian hyvät ja huonot seuraukset lyhyellä ja pitkällä aikavälillä,* Eduskunnan tulevaisuusvaliokunnan julkaisu 1/2020. 《156》 <https://www.eduskunta.fi/FI/naineduskuntatoimii/julkaisut/Documents/tuvj_1+2020.pdf>.

10,11."Ymmärrystä etsimässä". 2016. *Helsingin yliopisto, Humanistinen tiedekunta.* (29.11.2016) <https://www.helsinki.fi/fi/humanistinen-tiedekunta/ajankohtaista/ymmarrysta-etsimassa>.

12."Älä kysy humanistisen tutkimuksen hyötyä vaan sen merkitystä". 2019. *Oulun yliopisto* (01.10.2019). <https://www.oulu.fi/fi > Blogit > Science with Arctic Atti-tude (fi) > Älä kysy humanistisen tutkimuksen hyötyä vaan sen merkitystä>

29

1,2.Nalbantoglu, Minna & Janne Jussila. 2022."Sdp:n Lindman: Pääministerin viesti puoluejohdolle oli, että opiksi on otettu – Marinin mukaan yksityiselämän jatkuva käsittely julkisuudessa on ollut raskasta". *Helsingin Sanomat* (24.8.2022). <https://www.hs.fi/politiikka/art-2000009024549.html>.

3,4a,4b,5.STT-HS. 2022. "Pääministeri Marin itkun partaalla puhuessaan juhlintakohusta Lahdessa: "Kaipaan synkkien pilvien keskellä iloa, valoa ja hauskuutta"". *Helsingin Sanomat* (24.8.2022). <https://www.hs.fi/politiikka/art-2000009022959.html>>

6.=1.

7,8.Hara, Jyrki. 2022."Analyysi: Sanna Marinin tanssivideo aiheutti pintakuohua, jonka raskas vaalitalvi voi peittää unohdukseen". *yle.fi* (8.9.2022). <https://yle.fi/uutiset/3-12612810>.

9."Hillary Clinton julkaisi pääministeri Marinia tukevan tviitin: "Keep dancing, Sanna"". *mtv UUTISET* (28.8.2022). <https://www.mtvuutiset.fi/artikkeli/hillary-clinton-julkaisi-paaministeri-marinia-tukevan-tviitin-keep-dancing-sanna/8497128#gs.f746h2>.

10.Kari, Onni. 2022. "Naiset maailmalla jakavat tanssivideoita osoittaakseen tukensa Sanna Marinille". *ILTA-LEHTI* (22.8.2022). <https://www.iltalehti.fi/ulkomaat/a/f277124f-0d3a-4fa3-ab2e-71a3f34474bd>.

30

1.Unkuri, Salme & Henna-Leena Kallio. 2022. "Miten onnellisuutta mitataan? Suomi on ykkönen jo viidettä kertaa, mutta onnellisuusraportti saa myös kritiikkiä". *yle.fi* (Julkaistu 18.03.2022, Päivitetty 06.04.2022). <https://yle.fi/aihe/a/20-10002419>.

2~4.Tapio, Ilari. 2019. "Näkökulma: Suomi ei voi olla maailman onnellisin maa – tutkimus johtaa harhaan". *Kaleva.* (20.03.2019). <https://www.kaleva.fi/nakokulma-suomi-ei-voi-olla-maailman-onnellisin-ma/1726108>.

5.Jaakkola, Vesa. 2018. "Miten mitata onnellisuutta?" *Salon Seudun Sanomat.*(8.4.2018). <https://www.sss.fi/2018/04/miten-mitata-onnellisuutta/>.

6a,b,c.Salmela, Jussi. 2018. "Miksi suomalaiset masentuvat mutta ovat silti onnellisia? Italialaistutkija muutti Suomeen selvittämään pohjoisen kansan onnea". *Helsingin sanomat* (18.3.2018). <https://www.hs.fi/kotimaa/art-2000005608944.html>.

7~9.Heikkilä, Sanna. 2021. "Amerikkalaislehti otti selvää, miksi suomalaiset ovat niin onnellisia." *Iltalehti* (21.4.2021). <https://www.iltalehti.fi/ulkomaat/a/e8d-584fa-f9b7-4ab3-b698-b2f95ef9c8bf>

10.= 2.

著者紹介
吉田欣吾（よしだ・きんご）
　外務省研修所フィンランド語講師
　主要著書・訳書
『サーミ語の基礎』（大学書林、1996）
『北欧のことば』（共訳、東海大学出版会、2001）
『サーミ人についての話』（翻訳、東海大学出版会、2002）
『「言の葉」のフィンランド──言語地域研究序論』（東海大学出
　版会、2008）
『フィンランド語文法ハンドブック』（白水社、2010）
『フィンランド語トレーニングブック』（白水社、2013）
『フィンランド語のしくみ［新版］』（白水社、2014）
『パスポート初級フィンランド語辞典』（編著、白水社、2019）

フィンランド語の世界を読む

2023 年 4 月 20 日　印刷
2023 年 5 月 10 日　発行

著　者 © 吉　田　欣　吾
発行者　　岩　堀　雅　己
印刷所　　開成印刷株式会社

発行所
101-0052 東京都千代田区神田小川町 3 の 24
電話 03-3291-7811（営業部），7821（編集部）
www.hakusuisha.co.jp
株式会社　白水社
乱丁・落丁本は送料小社負担にてお取り替えいたします。

振替 00190-5-33228　　Printed in Japan　　加瀬製本

ISBN 978-4-560-08966-8

■吉田欣吾 [編]

パスポート初級
フィンランド語辞典

初級〜中級レベルに不可欠な単語を網羅した学習辞典の決定版．豊富な用例，ひと目でわかる変化タイプ．日本語索引ほか充実の巻末付録．　　　　■ B6 判　510 頁

■吉田欣吾 [著]

フィンランド語
トレーニングブック

基本的な文のかたちを 2000 題以上の練習問題で徹底的に身につける，日本で初めてのフィンランド語学習ドリル．この 1 冊で基礎固めはバッチリ．自然な表現の習得や語彙力増強に最適！　　　　■ A5 判　256 頁

■吉田欣吾 [著]

フィンランド語文法
ハンドブック

フィンランド語の森をじっくりと歩くためのガイドブック．さまざまな語幹や格変化のパターンをあげながら，そのからくりを詳しく解説していきます．待望久しい本格的な文法書．　　　　■ A5 判　343 頁